スポーツ運動学入門

金子一秀 著

明和出版

まえがき

本書『スポーツ運動学入門』をまとめようと決意した切っ掛けは，2002年に『わざの伝承』が江湖に送り出された年に遡ります。大学で運動学講義を担当している自分は，当時，新たに出版された『わざの伝承』を講義の参考書としようと決意したものの，その内容はきわめて専門的で，まだ運動学を知らない学生が読むにはあまりにも敷居が高すぎました。そこで，運動学の内容を理解させるために，「わざの伝承」の文章を書き写す「運動学テキスト」を講義の学生用に作成しました。毎年，自分の運動学の理解が深まるたびに，改訂を重ねて今年で 14 版となります。それがこの入門書の草稿となっています。とはいっても，講義では，口頭で補足説明ができますが，入門書の出版となるとそれも許されず，文章で内容をわかりやすく説明をするしかありません。講義中に学生に例示として話した内容までも，本書に載せる必要のある入門書の難しさを痛感させられました。こうして，長い時間がかかりましたが，ようやく出版の運びになった次第です。

スポーツ運動学は現場の実践理論ですから，その内容は現場の指導場面の問題を解明していくことになります。ところが，実際に生じている指導場面の問題と，発生論的な運動学を重ね合わせて考えることはなかなか難しいようです。自分も現場のコーチとして運動学を実践場面で使っている一人ですが，そこでは，いつもきわめて複雑な生きた人間を教える問題に直面しています。心と体を分けて生きていない私たちの運動問題はきわめて複雑です。選手が真剣に悩み苦しんでいるとき，そこに立ち入れない指導力のなさに落胆しているとき，この実践運動学が明快な答えを導き出していることに鳥肌が立つような経験は数多くあります。その経験からか，巷間では「運動学を学べば教えられるようになるのか」という疑問に対して，ようやく「教えることができるようになる」と断言できるようになってきました。それは理論で実践を教えるのではなく，自らの経験で教えていることが理論的に裏付けされ，さらにその経験に磨きをかける道を学問的に開示しているからです。

運動学に関する本が出版されるたびに，その学問としての輪郭がより明確化し，今年江湖に送り出された『運動感覚の深層』において，新しい運動学の理論は揺るぎないものとなりました。ただそれは，体育・スポーツの世界にはなじみのない現象学的な運動分析理論ですから，読み解くのはきわめて難しいものです。運動学を実践理論として生かしているささやかな身体経験が，少しでも難解な運動学の理論を理解する道しるべとなることをひそかに期待しています。指導現場で経験的に解決している問題が，明快に説明できる理論であることを感じ取る〈動機〉になることが本書の目的で，さらに体系化された実践運動学への道に進んでもらいたいと願っています。

最後に，この『スポーツ運動学入門』を出版するにあたり，恩師である金子明友先生には，草稿の段階から何度も討論に付き合ってもらったことに深く感謝申し上げます。また，十数年前に学生に配付するテキストを読んで，出版のお誘いをいただいた，明和出版の和田義智氏には，長い年月を諦めずにお待ちいただいたこと，本当に感謝の意を表さずにはいられません。

2015 年　清明

金子　一秀

スポーツ運動学入門●目次●

序 章

スポーツ運動学は
現象学に基礎づけを持つ

§ 01 人間機械論の呪縛は解けない

職人の手技による生産力は，産業革命以降，科学的に分析されて，機械化による大量生産へと向かうことになります。昨今では，人間が行うことは機械に代替できるというスローガンのもとに，産業ロボットが次つぎと開発されています。職人の技が機械の精度を超えると，再びその技術が自然科学的に精密分析されて，より精密な機械化への道を歩んでいきます。スポーツの世界でも人間の運動は科学的に分析され，そのメカニズムが解明されていきます。運動を物理時空系における位置移動と考えれば，人間を含むあらゆる物体の運動は〈同じ運動〉という枠組みで一括りにすることができます。その研究成果は，〈生きた人間が動く〉運動問題の解決に，直接役立つと考えられているようです。

ロボットが動くには電気モーターなどの動力が必要で，複雑な動きを再現しようとすると，多くのギアや複数の動力が必要になります。オペレーターのプログラムによる指令によって複数の動力を順序よく効率的に動かすことで，なめらかな運動が再現されることになります。人間の身体運動の場合も，関節を動かすためのモーターは筋肉と理解され，脳がそこに指令を出すから動くことができるという，デカルトの〈人間機械論〉が一般的になってきます [*1]。

重いものを持ち上げられないのは，動力としてのモーターの出力が弱いからで，人間の場合はモーターにあたる筋力を鍛えれば，重いものを持ち上げられることになります。仮にそのような結果がでなかった場合は，プログラムとしての脳かあるいは配線としての神経に，何らかの問題が生じていると考えます。人間の体は脳によって支配されているから，運動することも脳の指令によって行うと考えます。イヌの大脳皮質を電気刺激することによって手足の筋収縮が認められることから，人間の大脳皮質の機能局在論が生まれ，運動野が体のどの部位を支配しているかなど論じられるようになります [*2]。それによって「自らの意識が，脳の運動野から手足に命令を伝え運動が行わ

*1 金子明友（2009）：『スポーツ運動学』 明和出版 125 頁
*2 宮本省三（2009）：『リハビリテーション・ルネサンス』心と脳と身体の回復／認知運動療法の挑戦 春秋社 135 頁以降

れる」という常識が生まれることになります。随意運動として，意識することによって脳から運動が命令されると考えても，自分で意識すれば思い通りに動けるほどスポーツ運動の世界は単純ではありません。

このような考え方は，運動を覚えるには「体を動かすための動力を鍛えるトレーニング」と「それに命令を出す意識」という心身二元論を基礎におくことになります。筋力トレーニングやメンタルトレーニングによって運動が上手になる実例が多ければ，この科学的思考は〈運動発生〉の実践に即していると考えてしまうのは至極当然です。物質的な身体としての生理学的な事実は，運動を行うための基本的条件として必要であることはたしかです。子どもが持ち上げられない重いものを，大人が持ち上げられるのも筋力の違いで説明はつきます。しかし一方では，その筋肉に指令を出す〈意識〉の問題を取り上げると，少しやっかいなことが起こってきます。

腕が曲がるのは上腕二頭筋の収縮によるものであり，その出力の差は筋肉の太さと比例していると生理学的に説明されます。たしかにすごい〈力こぶ〉を持つ人は，腕を曲げる筋力が強いのですが，私たちが腕を曲げようとするときの意識は，「上腕二頭筋を収縮させる」という意識ではありません。伸びている自分の腕を見ながら「上腕二頭筋を収縮させよう」という意識を持ったとき，「自然に腕が曲がってくる」という現象は生まれません。私の意識は筋肉の収縮に向かっているはずですが，まったく動かないのですから，どのような意識を持てば腕が曲がるのでしょうか。筋肉の名称もわからない子どもたちでも，腕を曲げることができますから，それはどのような意識なのでしょうか。

日常的な運動から高度なスポーツの複雑な動きかたまで，動かす筋肉すべてに意識的な命令をしていると考えることは，とても現実的とはいえません。すでに脳に記憶されている技能の記憶として，〈手続き記憶〉[*3]と説明しても，記憶すべき運動が発生しなければ記憶することもできません。「どう動くべきか」と考えた上で，自らの手足が「そのように動いた」とき，はじめて記憶すべき運動が，外部視点からの具体的個物の実体として示されるのです。まだ運動が現に発生していない，奇妙な〈動感意識〉の発生問題を

*3 太田信夫編著（2013）:『記憶の心理学』 放送大学教育振興会　21頁

主題化すれば，そこに〈手続き記憶〉の存在は語れなくなります。

§ 02 運動意識は遅れてやってくる

最新の脳科学では，私たちの運動に関係する意識問題が次つぎと解明されてきています。特にベンジャミン・リベットの「意識はすべて，現実に 0.5 秒遅れてやってくる」「意識は，現実をいつも 0.5 秒ズレて映している」という実験結果は，スポーツ指導場面の常識を壊すような発見です [*4]。リベットは，「車を時速約 50km で運転しているとき，急に少年が飛び出してきたのを見てブレーキを踏んだ」という，一般的な事例をあげ，脳科学的にこの出来事を説明しています。

私たちは，「少年が飛び出してきた」という〈原因〉により，ブレーキを踏むという〈結果〉としての行為が導き出されたと考えます。ところが，脳科学の実験結果では，「先にブレーキを踏んでから，子どもが飛び出してきたことに気づいた」という順序だというのです。それは，少年に気づくという自覚が脳で起こるには，最低 500 ミリ秒の時間が必要という実験結果によるものです。時速 50km で走行中の車が少年にぶつからないで止まるためには，少年が現れてから 150 ミリ秒足らずのところでブレーキを踏み込む必要があります。ブレーキを踏み込むのは，単純な脊髄反射ではなく，少年を認識してから轢かないようにする動きですが，私たちは無意識にブレーキを踏んで，後からそのことを自覚しているというのです [*5]。

一般的に私たちは「少年に気づいたから，ブレーキを踏んだ」という意識を持ちますが，それはブレーキを踏んだという無意識の動作反応まで遡る「初期 EP［誘発電位］反応の時点にまで遡る，感覚経験の主観的な時間遡及」が起こっているというものです [*6]。無意識の反応である「ブレーキを踏む」という動きを，私たちは後から遡及して自覚しているというのです。これは「意志の自由」が幻想でしかなく，「脳があらかじめ決定してその行為を引き起こしているのであって，意志の自発性は幻想にすぎない」という結論に至

*4 山口一郎（2009）:『実存と現象学の哲学』 放送大学教育振興会 91 頁

*5 ベンジャミン・リベット／下條信輔（2007）:『マインド・タイム 脳と意識の時間』 岩波書店 106 頁

*6 ベンジャミン・リベット／下條信輔（2007）: 同上書 87 頁

ることになります[*7]。つまり 0.5 秒以内の出来事は，脳内で勝手に引き起こされた行動であり，私たちの自発性は認められなくなってしまうのです。その発見は人間の行為の倫理問題にまで広がりを持つことになります。

スポーツの実践場面では，時速 150km のボールを打つのは，ボールの軌跡を見て「カーブ」「ストレート」と気づくから打つことができると考えます。ところがこの実験結果からは，時速 150km のボールがミットに届くまでの時間は 0.5 秒以内ですから，バッターはボールの軌跡を意識して見えないというのです[*8]。それは，現代脳科学の最も革新的で，しかも他の多くの研究者によって繰り返し実験で確かめられ，すでに定説になっている重要な発見とされています[*9]。つまり，時速 150 ㎞で投げられたボールを「よく見て」といわれても，実際には意識して見ることはできないのです。ミットに収まったボールの軌跡については，無意識の感覚経験への主観的遡及により，「カーブだった」と後から語っているのです。つまり，バッターは意識できない〈見えない〉ボールに反応をしており，0.5 秒の無意識の脳内でそのボールの行方を特定できる「無意識の能力」が働いているというのです[*10]。

他のスポーツ場面での 0.5 秒という物理時間を考えてみると，たとえば，跳び箱を跳ぶときに「助走の足が合わない」と気づき歩幅を変えるのです。その歩幅を変える瞬間は 0.5 秒もかかりませんから，それは自分が気づく以前に行われていることになります。別言すれば「足が勝手に助走が合わないと判断して歩幅を変え，自分が後から気づいた」ことになります。それで上手くいけばよいのですが，仮に足が勝手に歩幅を調整しても，助走が合わなかったら，いったい誰に文句をいえばよいのでしょうか。

§ 03　スポーツ実践はパラドックスか

運動を改善しようと何らかの修正を行うとき，たとえばボールを投げる瞬間の指の使い方など，〈動きかた〉の修正は，ほとんどが 0.5 秒以内の出来事です。それは無意識の反応で運動を修正したのでしょうか。「今のは上手

---

*7 加藤泰史（2013）:『世界思想』所収「脳神経科学の哲学的挑戦」40 号　世界思想社　47 頁
*8 山口一郎（2009）:『実存と現象学の哲学』 放送大学教育振興会　103 頁
*9 山口一郎（2009）: 同上書　91 頁
*10 山口一郎（2009）: 同上書　103 頁

くできた」と後から手足の動きに気づいているだけなのでしょうか。私の意識の及ばない無意識の反応ならば，私が未来の動きかたを修正する術がなくなってしまいます。

時速150㎞のボールを打つことは誰にでもできることではありません。それは「無意識の能力」でボールの変化を捉え，打つことができるというのであれば，その能力はどのように獲得されるのでしょうか。意識的な練習の努力が無意識の能力に働くという根拠が示されなければ，私たちの運動習得は本能の赴くままに行われている脳生理学的な反応だけとなります。いつか未来に起こるある瞬間に反応できる高い技能を求めるスポーツ選手の努力について，「それは自発性を持たない行為であって，自らの意識的な努力では獲得できない」と忠告しなければならないのでしょうか。選手が悩み苦しんで身につけようとする高度な技能は，自発性を持たない運動行為と理解せざるをえないのでしょうか。

「身体が勝手に反応した」という選手のコメントは，「意識的に緻密な習練を積み重ねてきた成果」と信じていたのに，脳科学の実験結果により「無意識の反応だった」と断定されてしまい，自らの努力は意味がなかったことになるのでしょうか。「ボールをよく見なさい」という野球のコーチの指示は脳科学者にとって滑稽な出来事であり，「ボールをよく見ると打てるようになる」というのは，真っ赤な嘘なのでしょうか。物理時空間の中で運動分析をするスポーツ科学では，実践的な知覚経験に立脚したくても，学問的根拠としての自然科学を放棄することはできません。自らの意志によって運動を支配する随意運動は否定され，二元論的思考を根底から覆されれば，メンタルトレーニングや運動を意識的に修正できるという学問的根拠は必然的に瓦解することになります。

この脳科学の実験結果は，スポーツの自然科学的研究に大きな波紋を投げかけることになります。どんな優れたスポーツ科学の研究成果でも，それを人間の運動の発生問題と絡めようとすると，「0.5秒以内の動きの修正は，選手自らが問題点を知ることや，意識することと無関係である」という脳科学の壁が立ちはだかります。運動をより高速度で撮影するのは，今まで見えなかったものが見えてくるという，運動のより正確な再現性に向かっています。ところが超高速度撮影は，0.5秒以内よりもっと短い運動の瞬間を捉えていますから，脳科学的に証明された「意識できない瞬間」の動きかたになります。「人間が気づくことができない瞬間」の運動を分析しても，本人が運動問題を解決するための情報として役立たないことになってしまいます。人間の運動を物質身体に置き換えて力学的な運動の効率を語っても，「0.5秒以内の出来事は意識的な修正が不可能である」というのであれば，その研究の根本的な意義が，人間のスポーツ運動から乖離してしまいます。指導実践場面でも，「0.5秒以内の無意識の反応」であれば，指導者が細かな動きかたの修正を指示することは，科学的に無意味になります。運動に意識的な注意を向けさせたところで，「一瞬の動きかたは本人は気づけない」のだから，指摘しても無意味という結論に至れば，指導者は拱手傍観して叱咤激励するしかないのでしょうか。

陸上競技で，人間の反応時間をフライングの定義に当てたとしても，〈自覚されない無意識の反応〉ならば，本人がフライングを止めることはできません。リベットはこのような無意識の反応に対して，「意識的な拒否ができる」[*11]ことで人間の自由意志を認めようとしました。意識を伴った意思は，自発的なプロセスの結果を制御する潜在的能力を持っているとして，たとえば，フライングをしないように意識的に制御できるとしています。ところが，意識を伴いながら思考し計画することによって行為の選択を検討するという脳の性質は，まだ解明されていないというのです[*12]。

§ 04　ミラーニューロンは他人の動きがわかるのか

もう一つのスポーツ運動の世界に関係する脳科学の発見は「ミラーニューロン」です。これはDNAの二重らせん構造の発見以来の最大の科学的発見と賞賛されています[*13]。それは「サル自身が運動行為（たとえば物をつかむ）を行ったときと，実験者が運動行為を行っているのをサルが見たときの両方で，活性化するニューロンが見つかったことで，これらのニューロンはF5

*11 ベンジャミン・リベット／下條信輔（2007）：『マインド・タイム　脳と意識の時間』 岩波書店　160頁以降
*12 ベンジャミン・リベット／下條信輔（2007）：同上書　182頁
*13 茂木健一郎（2008）：『意識とは何か　〈私〉を生成する脳』 ちくま新書　117頁

野の皮質円蓋部で記録され，「ミラーニューロン」と名付けられました[*14]。

サルがピーナッツを取って食べる運動をしているときに活性化するニューロンが，サル自身でなく，実験者がピーナッツを取って食べるのを見ているときにも，同じニューロンが活性化しているというのです[*15]。同様の実験を人間に行った結果，ミラーニューロンシステムは行為を識別できるだけでなく，その行為に含まれている意図的な要素に強く反応することも明らかになりました。それは，お茶菓子などが置いてある「お茶の準備をしてある状況」と「お茶菓子が食べられた後の状況」で，カップをつかむ手の動きを見せた場合，ミラーニューロンの活性化パターンは異なり，「飲む」「片付ける」という意図の違いまで識別していたといいます[*16]。

遡れば，フローレンス [P. Flourens] が脳の〈機能局在〉についての実験的証拠を提示し，ブローカ [B. Broca] が言語障害と脳損傷の関係から機能局在のはっきりした傾向を示す証拠を示し[*17]，「人は左半球で語る」という機能局在論から運動野と感覚野のホムンクルス［脳の中の小人］をめぐる脳研究へと進んでいます[*18]。しかし，視覚情報により運動に関わるニューロンが発火する発見は，〈機能局在論〉として個々の機能モジュールの解析から，脳全体の性質をシステム論的に明らかにする方向へと向かわせます[*19]。脳科学が人間の意識の問題へと向かっている一方で，スポーツにおける意識の問題は，脳の機能局在論の呪縛から解かれていないようです。

ミラーニューロンの発見は「君の痛みを感じるよ」という，今まで主観的な推測と考えられていたことに対して，実際に〈他人の痛み〉を感じる具体的な根拠を示したことになります。スポーツ実践場面で考えれば，「選手がプレーしているのを見ることも，自分がプレーしていることと同じになる。選手が捕球するところを見たときに発火するニューロンのいくつかは，自分

---

*14 ジャコモ・リゾラッティ＆コラド・シニガリア著／柴田裕之訳(2012)：『ミラーニューロン』紀伊國屋書店　96頁

*15 山口一郎（2011）：『感覚の記憶』 知泉書館　29頁

*16 G. リゾラッティ／ L. フォガッシ／ V. ガレーゼ（2007）：『日経サイエンス［2007.02］』所収「他人を映す脳の鏡」 日本経済新聞社　23頁

*17 茂木健一郎（2005）：『心を生み出す脳のシステム　「私」というミステリー』 NHK ブックス 日本放送出版協会　22頁

*18 宮本省三（2008）：『脳の中の身体　認知運動療法の挑戦』 講談社現代新書　89頁

*19 茂木健一郎（2008）：『意識とは何か　〈私〉を生成する脳』 ちくま新書　118頁

が実際に捕球するときにも発火する。だから見ているだけで，同時にプレーしているような気になれる」[20] というのです。それは「すぐれたコーチは観察した運動経過，特にそのリズム経過をやむにやまれず同時体験しているし，その経過を運動感覚によって“中から”知覚している」[21] というマイネルの「運動共感」が脳科学によって証明されたとでもいうのでしょうか。

スポーツ実践では「技は見て盗む」といって，人の運動を観察する態度はわが国古来の芸道では重要視されています。それは「ミラーニューロンが活性化するからだ」と実証主義を持ち込み，「他人の運動を見ることは，同時に自分の脳の活動において同時に起こっている」から「できるようになる」と因果的に結論づけるのでしょうか。もしそうであれば，オリンピック選手の運動の映像を見ていると「できるようになる」から「練習しなくても観察していればよい」と非現実的な話につながってしまいます。

§ 05　現象学は脳科学の時間分析を批判する

先端的脳科学者のリベットが解明したのは，時間の意識も含めて，すべての意識活動，すなわち感じたり，何であるかと知覚したりする何かについての意識は，無意識に働く脳内プロセスという活動の一定の持続（0.5 秒）を前提として働きうることになります [22]。これが真実であれば，「今それが起こっている」といわれている意識は，実際に起こっている事実より 0.5 秒遅れて生じ，人混みで人を避けて歩くこともできなくなってしまいます。しかし現実の生活では，今の瞬間を正確に今の瞬間として意識されます [23]。それは脳内で〈気づく〉という意識が生まれるまでにかかる 0.5 秒という時間的補正（主観的遡及）が起こるから現実に瞬間を知覚していると感じると説明しますが，〈時間的遡及〉を直接媒介する〈神経メカニズム〉は発見されていません [24]。しかし，物質的な脳と精神的な現象を二元論的として捉え

---

*20 マルコ・イアコボーニ著／塩原通緒訳（2011）：『ミラーニューロンの発見「物まね細胞」が明かす驚きの脳科学』 早川書房　16 頁
*21 クルト・マイネル／金子明友訳（1981）：『マイネルスポーツ運動学』 大修館書店　176 頁
*22 山口一郎（2008）：『人を生かす倫理』 知泉書館　330 頁
*23 山口一郎（2011）：『感覚の記憶』 知泉書館　70 頁
*24 ベンジャミン・リベット／下條信輔（2011）：『マインド・タイム　脳と意識の時間』 岩波書店　99 頁

るのではなく，精神の主観的機能は適切な脳内の創発特性であるとリベットはいいます[*25]。その「脳の創発による精神」という一元論は，その創発概念が因果関係を前提とした創発概念である限り，二元論に対置された一元論であり二元性の選択制における一元性でしかないと現象学者の山口一郎は厳しく批判しています[*26]。

われわれの意識の問題を脳科学から解明しようとする試みは，今後も精力的に行われるでしょうが，スポーツ実践に身を置いているわれわれの関心事は，精神における時間補正による〈気づく〉という問題ではなく，どのように技能を習得し，適切な場でそれを発揮できるかということです。たといリベットのいう無意識の反応で動いたとしても，その動きかたは「どのように獲得されたか」ということに関心が向けられます。当然そこで引き合いに出されるのは，海馬における記憶の問題です。しかし，〈意識する機能〉と〈記憶する機能〉は別に働き，〈手続き記憶〉そのものは，海馬の機能とは別に生成し，無意識に生じる「意識されない」ことに特徴を持つことになるのです[*27]。

結局，脳科学の実験において検証された「意識はすべて，現実に 0.5 秒遅れてやってくる」や「意識は，現実をいつも 0.5 秒ズレて映している」という分析結果は，「客観的時間幅である 0.5 秒」を初期 EP［誘発電位］反応まで「精神が遡れる」という客観時間の矛盾を引き起こしたことにあります。「潜在記憶と結びついたアウェアネスはない」[*28] というリベットの見解は，〈初期 EP 反応〉に遡るのを「記憶に残っていることを思い起こす記憶の働きではない」というからやっかいです[*29]。結局，リベットは，行為の結果や実際の遂行を制御する「拒否権により否定しうる」として，行動遂行の 0.15 秒前の時間点に見定め，〈自由意志〉を容認しようとしました。しかし，現象学者の山口一郎は，自由が成立する時間点を時間軸上に求めること自体

*25 ベンジャミン・リベット／下條信輔（2007）：『マインド・タイム　脳と意識の時間』 岩波書店　101 頁
*26 山口一郎（2011）：『感覚の記憶』 知泉書館　70 頁
*27 山口一郎（2008）：『人を生かす倫理』 知泉書館　337 頁
*28 ベンジャミン・リベット／下條信輔（2007）：前掲書　71 頁
*29 山口一郎（2009）：『実存と現象学の哲学』 放送大学教育振興会　95 頁

が，「人間の意識の本質である，自由の本質にまったく届かないことが，完全に見失われている」と厳しく批判することになります[30]。

§ 06　現象学は時間遡及を受動綜合化する

一方，現象学においては，「或るものについての意識」というフッサールの志向性を起点として[31]，無意識の脳内プロセスは，〈受動的志向性〉と〈能動的志向性〉の連関の中で捉えることになります。それは受動的綜合が能動的綜合を因果的に決定づけていることではなく，〈基づけ〉の関係を示すものであり，内的時間意識の中で展開されることになります。結局，脳科学における〈主観的時間遡及〉は「無意識の過去把持が意識化される」という現象学的分析に基づき，0.5 秒の無意識の脳内プロセスは，原印象と過去把持の〈相互覚起〉として経過し[32]，自分が触発され，対向することで〈気づく〉ことができると説明されます。当然そこで展開される時間意識は，〈今・ここ〉の内在時間であることはいうまでもありません。

現象学では，リベットの 0.5 秒の〈主観的遡及〉は，認識論的に通常の主観と客観の二元的対立原理を通して考察しているところに問題があると指摘するのです。つまりこの二元性を前提にしたまま，客観時間を主観が遡るという不可解な立論に縛られて，二元論の袋小路から逃れられないと指摘しています。この問題を解明するには，客観的時間，主観的時間という日常生活で活用されている区分そのものを括弧に入れ，現象学的な「無意識に生じる過去把持のプロセス」と理解する必然可能性に注目する必要があるのです[33]。それは，フッサールの過去把持の発見が受動的志向性と受動的綜合の領域の開示性を可能にしたことによります[34]。物理時間空間に慣れ親しんできた私たちが，このことを理解するのは苦労を要します。現場の指導者たちは，本質直観分析が実践的な動感発生に不可欠であることを〈本原的開示

---

*30 山口一郎（2011）:『感覚の記憶』 知泉書館　63 頁
*31 エドムント・フッサール／渡辺二郎訳（1984）:『イデーンⅠ - Ⅱ』 みすず書房　103 頁以降
*32 山口一郎（2008）:『人を生かす倫理』 知泉書館　338 頁以降
*33 山口一郎（2008）: 同上書　363 頁
*34 山口一郎（2008）: 同上書　147 頁

性〉として知悉しているのです[*35]。

自発的行為では，行為を促す意志は行為へとつながる脳内活動の前か，それが始まったときに現れると，一般的に今まで考えられていました[*36]。ところがこの実験結果は，意図や自由な決断の前に，内容を同じにする脳内活動が無意識に始まり，意識はその活動を受け止めているだけであり，無意識な自然という脳の機能が意識の自由に先行することになります。因果関係で捉えれば，自然が原因で精神の自由は先に立つことなく，それをただ受け止めるにすぎないことになってしまいます[*37]。これに対して，現象学は無意識の脳内プロセスを，受動的志向性と能動的志向性の関係性において捉えています。自由意志を伴う能動的キネステーゼに受動的キネステーゼが先行し，それが前提とされているのは当然として理解されているのです[*38]。

ミラーニューロンの働きが無意識に，自動的に働いて「他者の運動行為の意図と目的を理解する」ことは，「受動的志向性が先行して働き，それが意識にもたらされるとき，当の受動的志向性が能動的志向性の意図と目的として意識されているという二重構造がひとまとまりに述べられている」と現象学は説明します[*39]。少なくとも，他者という意識対象の構成問題を抜きに対象を措定した上で，自他の行動が脳内レベルで同一であるという見解は，「自他の行動の区別がつかない他者論は他者論として成立しない」ことになります。私たちが動きを覚えるために運動を観察するのは，外部視点からの物的な運動変化ではありません。自分が覚えるために観察することは，私の動感地平にある〈動感ヒュレー［素材］〉を引き寄せ，受動的動感志向性が能動的動感志向性として意識され，「動く感じ」がわかることになります。それはまさに「私の動感志向性」において捉えられる価値意識だから，「私はそう動ける」という本原的意識に支えられ，実際にやってみることになります。ここにおいて自己と他者が区別されることになりますが，それは他者

*35 金子明友（2015）：『運動感覚の深層』 明和出版 154頁
*36 ベンジャミン・リベット／下條信輔（2007）：『マインド・タイム 脳と意識の時間』 岩波書店 143頁
*37 山口一郎（2008）：『人を生かす倫理』 知泉書館 369頁
*38 山口一郎（2008）：同上書 373頁
*39 山口一郎（2011）：『感覚の記憶』 知泉書館 47頁

動感の単なる類推と批判されることもあります。しかし，他人の動感感覚質がわかるという能動的志向性は，その前に受動的動感が先行しており，それは自分が関与しない受動的綜合の「対化」を前提とした連合であることはいうまでもありません[*40]。

§ 07　未来の動感経験を予描する

私たちは，運動を行う前に，「逆上がりができる」「縄跳びで二重回しができる」「一輪車に乗れる」ということがあります。そこでは，まだ運動は行われていませんが，動感身体に基づいて言い切るのです。人間は嘘をつくこともありますから，「できる」といって，実際には「できない」こともあります。ところが，「さっきはできた」から「できる」と思っていたのに，偶然に失敗するという事実も否定できません。どちらにしても，このような問題は自然科学による運動分析の対象になりません。それは原因がまだ発生していないのですから，過去の原因と現在の結果という因果決定論は成立しないのです。

過去に100％の確率で運動が成功しても，本番で失敗することは競技の世界では珍しくありません。それかといって，メンタルトレーニングをしても，失敗の偶然性は不可避です。それにしても，競技の世界でその技能遂行の成否を確率で捉えることは当然と思われているのです。未来の一回の出来事に確率を語ることの無意味さにも気づかないまま，因果決定論という科学的思考に呪縛されたままです。息づまるような競技の世界でも，その確率論が安易に通用していることに注目しておかなければなりません。過去の再現と説明できるのは，結果が生じた現在だからです。それは，まだ結果の生じていない未来の出来事とは因果が結べません。自然科学は再現可能な現象を実証していくものですが，自由な意志を持つ人間の運動発生を対象としても，自然科学的予測ができると考えてしまうようです。

「2階の窓から跳び下ることができますか」と尋ねられて下を眺めたとき，「できそうもない」という動感意識が芽生えたとします。「それは単なる想像だから，やってみればできるかもしれない」と考えるのが一般的です。しか

*40 山口一郎（2011）:『人を生かす倫理』 知泉書館　44頁

し，実際には未知の身体経験に足がすくんで動けません。新しい動きに向かって判断するとき，つまり未知の出来事に対して判断する「できそうもない」という自分の動感意識は，非顕在化している内部地平の動感深層を浮き彫りにします。2階の窓から跳び下りることが「できそうもない」人でも，「テーブルの上から跳び下りることができますか」と聞けば「それは，できる」と答えます。この場合「できそうもない」「できる」は，わが身の危険を察知した「跳び下りる高さの違い」による判断と考えられます。「2階の窓から跳び下りれば怪我をする」という危険を察知したから，「できそうもない」と判断を下したと理解できます。ところが2階の窓の下にソフトマットを置いて，着地の衝撃を吸収できるようにしたとき，「できそう」という判断に変わり，実際に跳び下りることができる人もいます。

この〈判断〉は「何を根拠に行われたのか」を考えたとき，それまでの動感経験を根拠に判断されたと考えます。しかし，「安全を確保したから，〈できそう〉という判断ができた」と端的に理解してはなりません。それはソフトマットを置いて安全を確保したにもかかわらず，「できそうもない」といって跳び下りられない人がいるからです。その安全は，身の危険を回避することであり，そこでは「そう動ける」という動感意識が絡んでくるのです。ソフトマットを置くと，その情況の変化を読み取る私の動感経験は，着地の衝撃と高さの関係からソフトマットの衝撃吸収力を動感感覚で捉えることになります。

たとえば，棒高跳びの選手は数メートルの高さからソフトマットに落ちる経験を持っていますから，ソフトマットが置いてあれば，2階の窓から跳び下りることは〈類似の経験〉の枠組みに入ることになります。逆にソフトマットの衝撃吸収力を体験したことのない人は，「ソフトマットを置く」ことが動感感覚で捉えられませんから，いくら安全とはいっても〈私の身体〉が「できそうもない」という動感意識を生みだします。そのような動感意識の構成化との関わりを経験的に知っているから，体育の授業でソフトマットを使う場合，最初に，どの程度の衝撃を吸収するかを体験させる遊びを取り入れたりします。それによって，ソフトマットの衝撃吸収力の動感経験は，〈含意潜在態〉として過去地平へと沈み込んでいくことになります。すでにソフトマットが衝撃を吸収する身体経験を持っているから，高いところから跳び下りるという課題は，「ソフトマットが衝撃を吸収する」という価値知覚の経験を，自らの動感感覚で捉えることになるのです。

§ 08　未規定の動感地平に注目する

あらかじめ何らかの〈類似経験〉があるから「私は判断できる」と考えても，ソフトマットの安全性を確認する初期の練習は，あらかじめ類似の経験がないから「できそうもない」という事態からなかなか抜け出せないのです。ところが，この類似経験は，本質直観化の第一階層に見られる〈変更の自由さ〉を持っていて，類似と判断するのは〈私の動感志向性〉の任意性を起点としています[*41]。しかしそこには，似て非なるものを類似と判断する危険性もあります。小石を蹴ろうとしたとき，それは地面深くから，小石のように顔をのぞかせた岩ということがあるからです。それを蹴ってしまったとき，そこに新しい身体経験が生まれることになります。このような失敗の身体経験を積み重ね，否定，疑念，可能性，確信という様相変動をさまよい[*42]，本質直観化のプロセスを見きわめることができるようになっていきます。

さらに，私たちが自分の運動について，「こんな感じではない」「こんな感じにしたらどうか」などと動感感覚で考える基盤には，空虚ながらも先構成されている動感形態がすでに存在しているのです。だから，〈今・今…〉の過去把持につなぎ止められている動感志向性が，その充実化に向けて様相変動が発生することになるのです。私たちが新しい経験に立ち向かうとき，その背景に意識されない動感経験の地平がそれを後押しします。ソフトマットが柔らかいという直接経験を有していなくても，無意識に捉えられている柔らかいものを触った経験や，布団の柔らかさなど多くの身体経験の地平が，私の動感意識の構成に関わってくるのです。

非顕在が顕在を規定するという意味で，動感形態の〈先所与性〉[*43]は，同じ経験がすでに与えられているという意味ではありません。どんな規定も

---

*41 金子明友（2015）:『運動感覚の深層』　明和出版　234 頁以降

*42 エドムント・フッサール／山口一郎・田村京子訳（1997）:『受動的綜合の分析』 国文社　43 頁以降

*43 金子明友（2015）: 前掲書　163 頁

最終的なものではなく，現実に経験されるものは，同一物に関する可能的経験の地平をつねに無限に持っています。この未規定な地平は可能性の範囲として，さらなる規定のあゆみを指示するものとして，現実の経験の中ではじめてその特定の可能性が選び取られ，他の可能性を押しのけて実現されるのです[*44]。

「できそうもない」「できる気がする」という，〈あるものへの意識〉である動感志向性は，そこに〈空虚〉と〈充実〉という本質直観化の原理を持つことになります。「できそうもない」という動感意識は，その実現が不可能であるということを「先取りとして経験している」のです。先取りとして経験することは，すでにその運動の動感形態が〈先構成〉されていることを意味しますが，それは〈規定可能な未規定性〉[*45]という開かれた可能性を持っている「先構成された〈空虚〉な動感志向形態」なのです。それは非顕在化している経験の地平の力を借りて，やがて充実化を感じとるから「できる気がする」のです。

だから，運動を実施することを躊躇する生徒たちには，「どうしたの」「何が怖いの」と先生は尋ねながら，生徒の〈内部地平〉の受動的動感志向性に探りを入れていく必要があるのです。生徒の発する言葉の端から，先生は内部地平の動感問題を読み取る〈地平分析〉により，まだ欠損している新たな動感能力を読み取り，それを何らかの形で経験させ，導いていくのです。

私たちは「そこへ行こう」と思ったとき，自分の移動手段をいくつも持っています。歩くこともできるし，走ることもできます。スキップやケンケンも移動手段として私の身体には経験財として刻み込まれています。「そこへ行こう」という無自覚な意識の中で，なぜ片足を一歩踏み出す自分の営みが行われるのかは，すでに自分の動感深層で「何かがいつもすでに先構成されている」からに他ならないのです。私の無自覚な意識において，「そこへ行こう」という営みは，「あらゆる経験は経験の地平を持つ」[*46]から，地平に

*44 エドムント・フッサール／ラントグレーベ編・長谷川宏訳（1999）：『経験と判断』 河出書房新社　24 頁
*45 エドムント・フッサール／山口一郎・田村京子訳（1997）：『受動的綜合の分析』 国文社 17 頁
*46 エドムント・フッサール／ラントグレーベ編・長谷川宏訳（1999）：前掲書　24 頁

沈み込んだ非顕在化されている多くの移動手段の基盤の上に，「足を一歩踏み出す」という〈歩行〉が顕在化されることになります。

§ 09　奇妙な受動発生に注目する

受動地平に沈み込んでいる動感素材を統覚化し，動く感じを〈かたち〉としてメロディー化する身体能力が，〈自転車に乗れる〉〈泳げる〉という動きかたを発生させることになります。そのような未規定の動感可能性を持つ身体能力を〈身体知〉と呼びます。つまり〈身体知〉は，「人間がその身体を動かす知恵」ですから，日常生活でお箸を使うことも，コップを持つことも〈身体知〉のなす業なのです。当然，競技スポーツにおける高度な技も身体知によるものです。私たちは新しい動きを覚えるときには，試行錯誤しながら何度も繰り返します。何も考えずに繰り返しているうちに「独りでにできた」ということはよくあります。それは自我意識が関与しない受動地平において，統覚化されていく身体知の営みなのです。運動は「反復していれば，いつかできるようになる」と考えることは，実践に即した常識的なことかもしれません。だから，言語的思考も判断もままならない幼児でも，運動を覚えることが可能なのです。

幼児期の運動習得は，いつの間にか〈動きかた〉を覚えてしまいます。まさにそれは，受動世界の身体知の形成が主題化されている時期に他なりません。このような運動発生の様相変動を基盤としているから，運動は繰り返しているうちに，独りでにできるようになるのです。そのうちに，反復回数だけに関心が向いていきます。反復することは，〈今・ここ〉に直接与えられた身体経験が過去把持につなぎ止められ，空虚形態の動感意識は次つぎと受動地平へと沈み込んでいきます。幼児が〈まりつき〉を覚えるとき，一回つくと次はボールをつくことができません。何回かの偶然の成功に出会いながら，自分の手とボールの関係を自覚することもなく，少しずつボールがつけるようになってきます。そこでは，上手くできない動きについて，抵抗経験の〈苛立ち〉が感じられる程度で，自分の手とボールの関係を捉えようとする能動的な動感志向性はまだ生じていません。幼児の〈原感情〉としての〈苛立ち〉から，その動感統覚化は，自覚以前の受動世界の動感統覚が，能動性との境界領域としての〈受容〉という中間層位として捉えられているのです[*47]。「上手くいかない経験」は「できるようになりたい」という〈動機づけ〉により，受動的綜合の中で新たな動感形態の統覚化に向かいます。だからその運動に関心がない場合，幼児は何回かの失敗で泣き出して〈諦める〉ことになり，受動的綜合における形態統覚化は空虚なまま放置されてしまいます。

一方，大人になって新しい運動を覚えるとき，最初の動機は「やってみたい」という程度でも，何回かその運動を経験すると「できる気がする」という自覚とともに，次の運動遂行に工夫や検討を重ねます。幼児の場合は，できないことの感情的な〈苛立ち〉に止まり，自らの動きへの関心へと向かいませんが，大人の場合は，「できる気がする」と，自分の動感形態の構成化の予兆に気づくことさえあります。それでも，日常的な動きについては，さほどの関心も示さないまま反復するのが一般的です。日常的な運動習得は，外部視点からは反復という手続きだけで動感発生が捉えられることになります。

小学校低学年では正しい鉛筆の持ち方を習うことになります。ところが，大人になって他人の鉛筆の持ち方を見ると，自分の鉛筆の持ち方とずいぶん違う持ち方をしていることに気づきます。周りを見渡すと，それぞれ個性のある鉛筆の持ち方をしています。最初は，一つの正しい鉛筆の持ち方を習ったはずが，いつの間にか個人個人異なった鉛筆の持ち方になっています。文字を書くという目的を達成するだけに価値意識が留まっているから，特別に不自由さを感じないままに，その動きかたの細かい修正には向かわず，検討されないまま習慣化していきます。それは，やがて何となく書きやすい持ち方となっていきます。運動を学習することは，このようにして受動発生世界における動感統覚化という出来事が大きく関わってくるのです。

§ 10 身体知の存在に気づく

何か対象物を手で取ろうとするとき，対象物に近づくに従って，私の手は，それをつかむのに最適な〈かたち〉へと変化します。コーヒーを飲もうと手を伸ばすときには，把手をつかむために人差し指が伸びていきます。お皿を

*47 金子明友（2015）:『運動感覚の深層』 明和出版 159 頁

取ろうとするときには，手のひらを上にして，親指を開いて腕が伸びていきます。対象物が変わるたびに手の形は変化しますが，それは自分が意識的に検討したことではありません。さらに，同じ対象物でも，その利用目的を自分が変えてしまえば，それに合わせて手の形も変わります。コーヒーカップを投げるという目的であれば，把手をつかむ人差し指の〈かたち〉は出現せず，手のひら全体でカップをつかみます。物的な対象が自分の行為を決定するという因果は成立せず，それをどう使うかという，自分の対象物への〈意味づけ〉が行われ，目的に沿った最適な動きかたが決定されるのです。

ところが，幼児はまだ物の固さも重さも気づけませんから，熟れたトマトを渡すと強く握り過ぎて指で穴を開けてしまいます。その失敗の身体経験は，独りでに過去把持につなぎ止められ，検討され最適な持ち方を獲得していきます。大人になっても，失敗することに対して，意識的な努力もないまま成功へと導く驚くべき身体知の働きを確認することができます。

シャープペンシルの芯を，いつもより長く出して文字を書こうとすると，今まで書いていた文字よりも薄く書くことになります。すでにそのような経験がわが身にありありと与えられていない場合，芯が折れないように筆圧を弱くしても芯を折ってしまうことがあります。ところが，再び芯を長く出して文字を書くと，先ほどの失敗は学習され，芯を折らない筆圧で文字が書けるようになります。こうして積み重ね学習されてきた身体経験は，たとえば，消しゴムで文字を消すとき，文字が書かれた紙の質によっても消しゴムの使い方を変えることになります。丈夫な〈上質紙〉と，今にも破れそうな〈わら半紙〉に書かれた文字を消すときとでは，自覚以前に紙質によって紙の押さえ方や消しゴムの持ち方が異なります。鍋の豆腐をつかむときと大根をつかむときの力加減が違うのも，身体知のなす業です。それは，すでに習慣化された〈匿名身体知〉の営みなのです。

「新しい出来事に対して適切に判断し解決できる身体の知恵」を「身体知」と呼びますから，運動ができないというのは〈身体の知恵〉の問題として浮かび上がってきます。プロ野球の始球式で有名人がボールを投げるシーンが放映されますが，成人なのに幼児のボールの投げ方と酷似している人もいます。それを「身体知が低い」とはなかなかいえないようです。

アスファルト道路などの浅い水たまりを跳び越そうとして失敗し，「アッ」と思ったときにはすでに水たまりに落ちてしまいます。ところが振り返って思い出せば，自分の足は靴の一部しか水たまりに入らないように，つま先に力を入れて着水し，同時にその足でジャンプして水たまりを渡っています。それは「自分の足が水たまりに落ちようとしたとき，つま先に力を入れて着水して，ジャンプをした」と後で説明することになります。その一連の動きかたは運動中に自覚はありませんが，先端的脳科学では感覚経験の〈主観的時間遡及〉からこの運動が自覚されると説明します。ところが「なぜそのような動きを選び出したのか」という，具体的な運動の動感質発生の内容については，脳科学ではまったく説明できません。

発生運動学ではこの出来事は，受動世界にある動感ヒュレーが統覚し「私はそう動ける」という，行為の決断が生じ，水たまりを跳び越す営みへと向かうと分析されます。〈水たまりを跳び越す動感志向形態〉を構成しながら，実際に〈今・今…〉と，踏み切り直下の経験は，過去把持の把持へと向かいながらその地平に沈み込みます。先取り的に捉えた動感質と今の身体経験とが摺り合わされながら，未来予持において起こりうる経験を待ち受けることになります。アクシデントによって，水たまりに落ちるという出来事は，同時に先構成されていた受動的動感図式の組み替えに迫られ，つま先に力を入れて着水し，同時にジャンプするという動きを生みだすことになります。

自らの過去地平に沈み込んでいた別の動感ヒュレーが，動感図式の組み替えに関わり，〈跳び越す〉決断は，〈着水してジャンプする〉という動感形態に組み替えられたことになります。別言すれば，先だって予描されていた動感形態が私の決断を呼び覚まし，〈今・今…〉と動きつつある直接経験は把持につなぎ止められ，原印象と過去把持の〈相互覚起〉において，未来予持の動感を待ち受ける働きを充実させていきます。直接経験される〈今〉の不具合は，来るものを待ち受ける〈動感予持〉に働き，コツとカンの同時反転化により，受動的動感図式は組み替えられていくのです。このような奇妙な身体知，驚くべき身体能力は科学的な因果決定論の枠組みに入ってきません。

こうして，私たちは改めて動感発生の地平に現象学的分析を取り上げざるを得なくなります。

第Ⅰ章

身体運動には
パラドックスが存在する

§ 11 人間は欠陥生物なのか

馬や牛は生まれたらすぐに立ち上がり，歩きだします。一方，私たち人間は生まれてすぐに立ったり歩いたりすることはできません。象の妊娠期間は約22ヶ月もありますが，人間は約280日程度です。人間の赤ちゃんは生まれてすぐは，まだ寝返りもできず，泣くことしかできない状態で産み落とされます。一方，象の赤ちゃんは生まれてすぐに立ち上がり，自分の命を守る最低限のことができます。人間の赤ん坊は生後約1歳になってやっと歩き出すから，人間は「生理学的早産」と呼ばれるのです[*48]。ところが2歳児にもなれば，走ることも覚え，その後他の動物とは比べものにならないほど高度な動きかたを習得していきます。オリンピック選手は，私たちの想像を絶する高度な技能を習得していますが，このように熟練した動きかたへと磨き上げることができるのが，他の動物にはない人間の運動習得の特徴なのです。

育ての親が狼であれば，2足歩行は学べませんから[*49]，人間が人間らしく育つのは，人間の手による〈教育〉を受けたからです。生物学的な意味での人間の特徴は，言葉を話し2足歩行ができることですが，それは人間によって教育された成果です。

生まれて間もない人間の赤ちゃんは，わずかな生得的反射以外は移動することもできない頼りない生物です。しかし，数ヶ月のあいだにいろいろな運動を覚え「這えば立て，立てば歩め」と，母親はわが子が人間らしく育つことを注意深く観察します。やがてつかまり立ちから，人間特有な2足歩行の第一歩を踏み出すことになります。このようにして，未熟なヒトという生物は，人間の装いを持ち始め，多くの運動を覚えていきます。大人と乳児を比較すれば，運動の多様さは一目瞭然です。お箸を持ったり，文字を書く手の動きから，高度なスポーツの動きまで，人間は生まれてから，時間をかけて多くの動きを習得していきます。

その動きの習得は，個々バラバラに絶縁的に習得されるのではなく，一つの〈動きかた〉を覚えると，他にも応用がきくことになります。スポーツの

---

*48 アドルフ・ポルトマン／高木正孝訳（1980）:『人間はどこまで動物か』 岩波新書 61頁
*49 J.A.L. シング／中野善達・清水知子訳（1987）：野生児の記録1『狼に育てられた子ーカマラとアマラの養育日記ー』 福村出版 31頁以降

実践場面をそのような視点で眺めてみると，サッカーボールでリフティングが上手にできる選手は，別にサッカーボールでなくとも，たとえばミカンでもリフティングができます。テニスの選手はラケットの扱いかたが上手ですから，似たような運動としてのバドミントンも，すぐにある程度こなしてしまいます。インラインスケートをやっていた人がはじめてフィギュアスケートに挑戦しても，まったくの素人とは思えないほど，すぐに滑ることができるという事実があります。

日常生活でも，文字は手で書いて覚えますが，それ以外の練習もせずに，すぐに足や肘で文字を書くこともできます。私たちは他の運動と絶縁され固定化した〈動き〉を覚えているのではなく，〈動きかた〉という運動の〈やりかた〉を覚えているのです。スポーツ運動学の鼻祖であるマイネルも，「人間は自分の運動を自動化して変容するのであって，ロボットのように硬直して動き，反応する〈自動機械〉に変容していくことではない」[*50] といいます。むしろ人間はどんどん分化し反応する有機体に変容していくのであって，その有機体はあらゆる変化に耐え，きわめて複雑な状態に対しても負けずに〈バランス状態〉を保つのだと，人間の運動習得の豊かな可能性とロボット運動の〈機械的合成〉をはっきり区別しています [*51]。

§ 12　覚える対象は消えてしまう

漢字を覚えるときは手本となる字が実在しています。何度も同じ手本を見て間違いを確認しながら正しい漢字を覚えていきます。「田」という字を覚えるときには，手本となる「田」という字を見ながら，「由」と書いてしまえば，「上の線がはみ出してしまった」と間違いに気づきます。「日」と書けば「真ん中の線が一本足りない」ことに気づきます。このようにして「いつも同じ手本」がそこにあって見て比べられるから，間違いに気づき正しい漢字を覚えることができます。日常的には，〈覚える〉ことは〈同じことを反復すること〉により〈記憶される〉と考えますから，覚えが悪いのは反復回数が少ないと結論づけます。

---

*50 クルト・マイネル／金子明友訳（1981）：『マイネルスポーツ運動学』 大修館書店　409 頁
*51 クルト・マイネル／金子明友訳（1981）：同上書　409 頁

ところが〈運動を覚えること〉と〈漢字を覚えること〉は，ずいぶん様子が違います。見本となる逆上がりを見終わったときには，その運動は終了して消えてなくなっています。最初に鉄棒を握るときの手は，「順手」だったか「逆手」だったかを確認しようとしても，すでに握りかたは消えています。だから，もう一度示範をしてもらい，確認をするしかありません。黒板に書かれた文字は，消さない限りそこにあって，いつでも見ることができます。逆上がりの見本は，運動の経過とともに以前の動きは次つぎと消えていきますから，腕立て支持になったときに，はじめの姿勢が見えるはずもありません。

黒板に書かれた見本の漢字は，何時間経っても変化せず存在しています。だから一画ずつ間違いがあるか確認することができます。ところが逆上がりの見本となる示範された運動は，2秒くらいで終了してしまいます。たとえば，「薔薇」という漢字は一度見ただけではなかなか覚えられないほど複雑です。先生が「薔薇」という漢字を紙に書いて「今から2秒間，漢字を見せますから，同じ字を書いてください」といいます。生徒たちからは「漢字を2秒間しか見せないのでは覚えられない」と不満の声が聞こえてきますから，結局「薔薇」と書いた紙を黒板に貼って見せてあげたり，先生が板書することになります。そこで生徒たちは自分が書いた漢字と，見本の「薔薇」とを見て比べて，「薔薇」という漢字を覚えていきます。ところが，逆上がりの示範された運動を見て練習することは，「漢字を2秒間だけ見せて覚える」ようなものです。体育の授業で一瞬にして消え去る逆上がりの見本を見て，「すぐに消えてしまうから覚えられない」という不満の声は聞こえてきません。また，運動はすぐに消えるからといって，漢字が書かれた紙を黒板に貼るように固定することはできません。見本の運動は一瞬にして消え去り，〈見て比べる〉ことができないのが私たちの運動習得の現実なのです。

§ 13 映像は見比べられるのか

生徒の要求に応じ，目標像となる運動を何度も繰り返し示範するのはたいへんですから，消えた運動を再び示す〈再現映像〉を示範の代わりに使うことがあります。先生の逆上がりをビデオで撮影しておけば，いつでも同じ目標像が見られます。それは漢字を覚えるのと同じように，再現映像と自分の運動との違いがよくわかり「運動が覚えやすくなる」と考えるからです。生徒たちからも「いつでも見本が見られるから覚えやすい」という声が聞こえてくるから，再現映像を示範の代わりに使う練習方法が効率のよい授業と考えてしまいます。

ところが，再現映像を見て覚える練習の方法と，漢字の見本を見て覚える練習について考えてみると，漢字の間違いを探すときは，見本と自分の書いた漢字を〈見て比べている〉ことに気づきます。自分の書いた漢字と見本の漢字をよく〈見て比べ〉，どこに違いがあるのかを詳しく観察できるのです。それは自分の書いた漢字と，見本の漢字とを並べて〈向こう側において〉二つの文字を見て比べていることになります。運動を覚える場合は〈自分が動く〉ことなので，自分の運動を向こう側において見るには，外から自分を眺めなければなりません。ところが他人の歩く姿が見えると同じように，自分の歩行を直接自分の目で見たいと考えても不可能なのです。それを可能にするには，自分の運動を撮影して再現映像にして見るしかありません。だから先生の見本の逆上がりと自分の逆上がりを撮影して，再現映像として〈見て比べる〉のです。こうして，一瞬にして流れ消え去ってしまう動きが再現されることになりますが，動きを映像化することは，実際の動きを瞬間映像の連続に置き換えることになります。だから，運動のある一瞬を静止画として取り出すことができるし，コマ送りやスローモーションで再生できるのです。

逆上がりの映像を構成している静止画を取り出して，連続写真を作成すれば紙に書かれた漢字を黒板に貼るように示すこともできます。自分の逆上がりの連続写真と見本の連続写真は，こうして一コマずつ間違いを確認できることになります。この「自分の運動は自分の目で見えない」という難題は，映像化して再現することで解決することになります。映像化とは，高速度撮影で瞬間映像と瞬間映像との隙間を微分していくことです。だから映像技術の進歩は，今まで見えなかった瞬間まで自分の目で確認できるようになります。「連続写真は実際に動いていない」，静止画を見比べることは「動きを見比べているのではない」と指摘しても，現代では再現映像を重ね合わせる合成技術があります。だから二つの再現映像を重ね合わせた動画映像を見せることもできます。こうして学校体育の授業でも映像機器を駆使した授業に関心が集まることになります。それは客観的に自分の運動の欠点が把握でき，効率的な練習が展開される科学的な練習方法と考えるのです。

ところが比較する再現映像の先生と生徒は，大人と子どもという身体条件の違いがあります。両者の再現映像は，はじめから〈異なるものを見て比べている〉から違いがあるのは当然ですが，それが〈同じ〉になることはあるのでしょうか。「先生と同じ逆上がりができた」ことを，再現映像の精密な比較分析によって科学的同一性を証明することはできません。それにもかかわらず，私たちが〈同じ逆上がり〉というのは，そこにどんな〈同一性〉を見いだしているのでしょうか。

現実の練習場面では，自分の動きの再現映像を見ることもなく，消えてなくなる示範された運動を直接目で見て，動きを覚えていくことが一般です。そのような場合は，どのようにして目標像の運動と「同じことができた」と判断しているのでしょうか。動きを覚えることは，運動中に自分の手足を動かすことですから，見て比べて欠点がわかっても「そう動ける」かどうかは別です。運動中に自分の動きかたを再現映像のように自分の目で直接見ることはできません。こうして，漢字の間違いを〈見て比べる〉ことと，見本の運動を〈真似する〉こととは決定的に違うことになります。

§ 14 自分の運動は見比べられない

再現映像を比較して「先生の逆上がりはこうで，あなたの逆上がりとここが違う」と説明できるような時代になってきました。それは今まで先生の目で見て指摘した「主観的」なことが「客観的」に示すことができたと考えるのです。ところが問題はそう簡単には解決しません。自分の運動の欠点を〈見て知る〉ことと，実際に〈そう動く〉ことは別の次元にある問題ですから，練習場面では「わかっているけどできない」という言葉が聞こえてきます。

逆立ちをしたとき自分の視覚で捉えられる景色は，両手と床面だけです。先生は外から逆立ちを見ていますから，「膝が曲がっている」「体が反っている」と指摘できます。その指摘を聞いて欠点を修正した生徒は，どのようにその問題を解決したのでしょうか。手元しか見えないのに，なぜ自分の「膝が曲がっている」ことや「体が反っている」ことがわかったのでしょうか。外から運動を見ている先生の指摘は，運動している本人には〈見えない問題点〉の指摘なのです。

「田」という漢字を覚えるとき「由」と書いてしまえば，先生から間違いを指摘されなくとも，自分で見て比べて違いがわかるから，日常的には「欠点を知れば，改善できる」と考えます。それは自分の手足が自分の思い通りに動くという前提に支えられているから，正しく書こうと思っても「手が勝手に間違えた」といえば，「ふざけないで」と先生は怒るでしょう。自分の手足は「自分の思い通りに動く」という前提で，私たちの日常世界は展開されていきます。もし本当にいつでも「自分の手足は自分の思い通りに動く」のであれば，運動の欠点を知ればただちに修正できるはずです。スポーツ実践場面の運動習得は，「こうしたい」「できない」という葛藤の中で，やがて「自分の手足が思うように動くようになる」という現実の中にいるのです。どんなにスポーツ科学が「できた」ことを〈説明〉しても，実践場面では「本人が動いて証明する」しか術(すべ)がないのです。「どのように自分の手足を動かすのか」という指示を出すのは本人以外にできないのです。だから「できる」という，人間に〈新たな動きが発生すること〉を解明するのは，自然科学の研究対象ではないのです。そもそも「科学というものには，本来限界があって，広い意味での再現可能の現象を，自然界から抜き出して，それを統計的に究明していく，そういう性質の学問」なのです [*52]。

「まぐれか，思い通りか」という私の身体の運動意識は，実践場面ではきわめて重要視されますが，それは〈映像化された運動〉を分析しても答えは出てきません。また，心の問題として自然科学的に分析できると考えても，個人の心の中を科学的に分析して真実を暴き出せるはずもありません。多くの人の心的状態を統計標準化して傾向を知ることはできても，個人の心の真実に他人が立ち入ることができてしまえば，自己と他者の区別さえなくなってしまいます。スポーツ運動学はこの運動感覚意識を自然科学とは異なる分析によって解明していく学問分野ですから，「スポーツ運動学は非科学的である」というのは至極当然なのです。

---

*52 中谷宇吉郎（1968）:『科学の方法』 岩波新書 17 頁

§ 15　自分の動きは憶えているか

先生の逆上がりを見たときには，「腕がこのくらい曲がって，足をこう動かして」と対象となる動きをこと細かに観察することができます。ところが自分が逆上がりの練習をするときに「先生と同じか」を観察しようとしても，自分の目で確認することはできません。もう一人の自分がいて，ビデオ映像を見るように自分の動きを観察して「今のはここがおかしい」と指摘してくれるはずもありません。ところが自ら「今の動きは，先生と違う」というように，自分の動きには価値意識が働いているのです。

先生の見本の逆上がりはすぐに消え去ってしまうし，友達が行った逆上がりも消え去ってしまいます。その違いを見て比べた人は，次つぎと消え去っていく運動を憶えていたことになります。だから「先生の逆上がりと友達の逆上がりは違う」というのは，すでに消え去って，今そこに逆上がりが見えなくても，「想起内容にあるから比べることができた」ことになります。

先生の逆上がりと友達の逆上がりを見ている自分は，対象として向こう側にある逆上がりを見ていたことになります。では，「自分が逆上がりを行った」という想起内容はどのようになっているのでしょうか。「逆上がりができた」とお母さんのところに走って行く子どもは，どのようにして「自分が逆上がりができた」ということを認識したのでしょうか。先生や友達の逆上がりを見たと同じように，「自分の逆上がりを見た」とはいえません。逆上がりの最中に見える景色はあっても，自分の逆上がり全体を直接〈自分の目で見ること〉はできません。また，動きは次つぎと消え去ってしまいますから，鉄棒の上で腕立て支持になったときには，足を振り上げた動きはもう消えてありません。〈想起志向〉の中で自分の逆上がりを捉えていたとしかいいようがないのです。その想起内容は，先生や友達の逆上がりを見たという映像記憶と同じではありません。

向こうから歩いてきた友達に「今歩いてきた，走ってきた」と尋ねると，「歩いてきた」と答えます。人が歩いているのを見るような仕方で自分が歩いていることを見ることはできませんから，「自分が歩いた」ということを見て知ったことにはなりません。「どうしてそれがわかるの。走ってきたかもしれないじゃない」といわれても，「絶対に歩いてきた」と主張します。「その理由を説明して」といわれると言葉に詰まってしまいます。自分の記憶を頼りに「足が交互に出ていたから」「腕を振っていたから」と何とか自分が歩いたことを主張しようとしますが，「足が交互に出るのも腕を振ることは走っても同じだよ，歩く説明になっていない」といわれます。「両足が地面に着いていたから歩いていた」と科学的思考で歩行の説明をしても，「それを移動中に確認したの。本当にそうだったの。」と聞かれると，また言葉に詰まります。他人に説明できないから「自分は歩いていなかったのか」と疑問を抱いても，「やはり歩いてきた」という自分の主張を否定することはできません。

少なくとも何かの〈想起志向性〉が働いていたから，いま「それについて語ることができた」のはたしかです。その〈何かの志向性〉が「歩いた」という主張の根拠となります。それは〈動く感じ〉という〈感覚〉が「自分が歩いた」という主張を支えていることになります。ところがその感覚は，手の感覚，足の感覚など個別の感覚を説明しても語りつくせない価値感覚，つまり動く感じの意味統一態なのです。

§ 16　動いた感覚は疑えない

「動いた感覚なんて当てにならない」とはいっても，「自分は歩いてきた」という証言は「絶対に間違いない」というより「間違うことができない」といったほうがよいでしょう。どんなに科学が発達しても，「頭が痛い」という患者に「診察の結果，あなたは腹痛です。頭痛は間違いです。」ということは起こりません。感覚は主観的で個人の〈価値知覚〉が働くから，そこに科学的因果法則性を導き出すことは困難です。自然科学は再現可能な問題を繰り返し実証して法則性を導き出すものですから，誰しもが共通に理解できる事実としての客観性が成立します。客観的事実として「膝が曲がった」ということについて，主観的な感覚では「膝が伸びている」ということがあります。そのような主観性を排除するために，自然科学では共通の尺度である物理時空系の中で定量化することになります。

私たちが「膝が曲がった感じ」とか「膝が伸びた感じ」という言表は，膝の何らかの〈価値知覚〉について自ら語っていることになります。「こんな膝の感じ」という感覚を「どのように表現するのか」という〈意味づけ〉として，「曲がった」「伸びた」と言表しているのです。ドライアイスのような極端に冷たいものを触ったとき，「熱い」という表現をすることもあるのです。だから「何らかの膝の感じ」を「伸びている」と表現しただけなのです。「曲がった」「伸びた」と言表しているのは，まだ名前もない匿名の〈ある感覚〉について，それを認識している主観が語っているのです。そのような〈匿名の感覚〉について語るときに，その意味づけが行われるのですが，主観的という個人の感覚にもかかわらず，そこに他人との共通性が浮上してくることがあります。

「膝が曲がっている」といわれ，今まで以上に膝を伸ばそうと力を入れたとき，今までの膝の感じと違う膝の感じを捉えることができます。指導者から「それなら膝が伸びている」といわれると，今の膝の感じが「膝が伸びている」なら，さっきまでの膝の感じは「曲がっていた」ことに気づきます。それは自分の感覚を間違えたのではなく，新たな感覚に気づいて「意味づけを変えた」ということになります。

〈感覚に気づく〉という奇妙な現象は，動きを覚える世界では日常的なことです。運動の感覚は「わかる人にはわかるし，わからない人にはわからない」といわれ，上手な人は素人には気づけない〈動きの感覚〉に気づくことができます。ラグビーでは〈背後から迫る仲間に気づく感覚〉はきわめて重要です。後方にしかパスができないルールの中で，目の前の敵の動きを見ながら背後の仲間を捉えていないとゲームが上手く進みません。バスケットボールでは，一流プレーヤーの見事なノールックパスは珍しくありません。水泳選手は「水の重さの違いがわかる」感覚を口にしています。このような奇妙な感覚に気づけなければ，技能は向上しませんから，私たちの運動習得は「感覚を学習している」ということになります。この〈動きの感覚〉が学習できなくて，「わかっているけどできない」という現実に直面するのです。自分の動きを自分で知るには，自分の感覚しか頼るものがありません。しかし，その感覚には個人差があります。長さを測る定規にたとえると，感覚の目盛りが粗い人と細かい人がいるようなもので，目盛りの粗い人は細かい動きの違いを感じとる目盛りが刻まれていないから，「違いを感じとれない」ことになります。感覚の定規の目盛りが粗い人は「他人から見ても明らかに違う動き」でさえ，それを「同じ感じ」としか捉えることができないのです。どんなにVTR映像が手軽に見られるようになっても，新しい動きを覚えたり，自分の〈運動問題〉を改善するのは，自分の感覚しか頼るものがありません。再現映像で自分の運動の欠点を熟知していても，運動問題が改善されない理由はここにあります。

§17　失敗の反復に確率は成立しない

新しい動きかたを覚えるときには，私たちは何回も繰り返し練習をします。練習は反復を前提としていて，覚えが悪い人でも反復回数を増やせば覚えられると考えます。母親は他の子どもより一人歩きが遅いと思えば，反復回数を増やして歩行を覚えさせます。逆上がりを何度も挑戦する子どもが，はじめて逆上がりが上がったとき，「たくさん練習したから上がるようになった」といいます。親も「一生懸命練習したからできた」と子どもを褒めます。ところが，何度挑戦しても，まだ上がらない逆上がりは〈失敗の連続〉です。その失敗の連続は〈上がらない逆上がり〉を反復していることになります。「同じことを繰り返すから覚える」と考えれば，「新しい運動を覚える」ことは，「同じことを繰り返している」どころか「覚える対象がまだ出現していない」のです。だから，一生懸命逆上がりの練習をしている子どもの，「逆上がりが上がる確率」を求めることはできません。自然科学で考える未来の予測は，過去の再現性を前提としています。サイコロで「7の目の出る確率は」と聞けば，誰でも質問そのものが馬鹿げているといいます。はじめから，サイコロには7の目はありませんから，確率を語ることはおかしいのです。〈できない〉逆上がりの繰り返しは，ちょうどサイコロのすべての面に「できない」と記していることを意味します。だから，まだ成功したことがない子どもの逆上がりの練習で，それが成功する確率は7の目が出る確率と同じゼロパーセントです。

だから，自然科学者にとって子どもが「逆上がりができるようになった」ことは，過去に事例のない〈想定外〉の出来事といわざるをえません。「できない」から練習をして「できるようにする」という運動習得場面は，「同じことを繰り返して」覚えているのではありません。失敗の連続を反復すれば「失敗を覚えてしまう」ことに陥らない私たちは，どのようにして新しい動きを覚えているのでしょうか。

逆上がりの練習をしているうちに「もう少しで，できる気がする」と感じて，以前にも増して一生懸命練習をすることがあります。過去に〈できた〉という逆上がりの成功体験がないことは，〈できること〉を知らないはずです。「できる気がする」というのは〈できる〉という，逆上がりの成功を知っていることになります。「できたことがない」のに「できる」ことを知っているはずもないから，「それは幻想だ」といわなければならないのでしょうか。新しく運動を覚える中で，「もう少しで，できそうな気がする」といって，時間を忘れて練習に没頭することは珍しいことではありません。まだ成功していない運動の練習の中で，「コツがわかった」といって，友達に「次にできるから見ていて」ということもあります。逆に「今日は，まったくできそうもない」といって，練習を中断することもあります。

自分に直接経験されている「できる気がする」「できる気がしない」ことは，練習に向かう〈衝動志向性〉と絡み合ってきます。どうやら，私たちはできることの〈空虚な形態〉，つまり意味発生の空虚枠組みだけを予感しているからこそ[*53]，それに向かって，今自分が体験している動きの感覚質をつかもうとすることになるのです。

§ 18 未来の動きは受動発生する

新しい動きかたに偶然に成功して，はじめて全体として体験できたとき，一般的に私たちは「まぐれ」と呼びます。自分の身体が突然結果を出して，「なぜできたのか」という理由が，自分でもわからないところに〈まぐれ発生〉の特徴があります。その〈まぐれ〉の運動発生はきわめて不安定で，次の試行ですぐに再び〈まぐれ〉に出会うことのほうが珍しいようです。たしかに自分が「できた」のですから，過去に「できた」ことは「未来にも必ずそれが再現される」という期待のもとに，再び〈まぐれ〉に出会うまで練習

*53 金子明友（2015）：『運動感覚の深層』 明和出版 64 頁

を続けることになります。やがて，何度も反復練習をしているうちに〈まぐれ〉の出現回数が増えてくると，周囲の人たちは「できるようになってきた」と考えます。ところがいくら出現回数が増えても，納得できない顔をして練習をしている人がいます。聞けば「〈できた〉ことは嬉しいのだけど，どうしたら〈できる〉かがよくわからない」というのです。

私たちは「運動課題ができた」ことを過去形で考えるときと，「運動課題ができる」と未来形で考えるときを，はっきりと区別をしています。〈まぐれ〉とは，実際に運動を行ってみた結果〈できた〉という，完了形の運動認識です。一方，「私はそう動ける」とコツをつかんだ人は，「次もできる」という〈未来への確信〉に至ります。この違いはきわめて重要で，現場の指導者たちは「あの人は運動を覚えた」と判断するときは，この未来形の〈確信〉を指しているのです。

私たちが〈動ける〉というときには，未来に向かって〈未だまだ出現していない〉自分の運動についての確信を持つことに特徴があります。「私はそう動ける」という確信があるから，私たちは自由に動くことができるのです。道路を渡るときでも，途中で歩くことができなくなれば，車に衝突してしまいます。「自分が道路を渡ることができる」という，未来の運動が成功する〈確信〉があるから，行き交う車の隙を見て道路を渡ることができるのです。だから運動を覚えるためには，〈できた〉という〈まぐれ〉出現のまま放置をせず，私たちは〈できる〉という未来の確信のある運動へと導こうとするのです。

一方で，運動を対象化して分析する科学者にとっては「運動課題ができた」という過去完了形の結果に関心が向きます。〈できた〉という過去の結果の出現回数から，未来の運動が出現する確率を予測します。ところが，課題達成の成功率が上がっても，その背景に「私はそう動ける」という未来形の運動（キネステーゼ）意識がなければ，それは〈まぐれ〉の連続となります。〈できた〉という課題達成の中で，「よくわからないけどできた」という場合と，「コツがわかってできた」という場合があります。運動の自然科学者にとっては〈できた〉という結果だけに関心が向きますから，〈永遠のまぐれ〉でも別に問題として取り上げる必要もありません。〈できる〉という未来形の私の意識は，運動を行う前の意識ですから，「結果からの予言者」[*54]が関心を持つはずもありません。

私たちが運動を覚えるときに「できそうな気がする」「何となくコツがわかりそうだ」という〈予感〉があります。それは個人の運動感覚意識の中にあって，自然科学における未来の予測とはまったく異なる〈手続き〉です。運動課題が「まったくできていない」のに，本人は「コツがわかってきた」といったり，課題ができているのに「まったくわからない」ということもあります。それは主観的なことで，科学的客観性に欠けるというのはきわめて当たり前のことです。個人個人の主観の中で起こっている出来事は，個々別々だから科学的客観性を保証できないのは至極当然なのです。

日常生活では，このような運動感覚意識は自覚を伴わないことがほとんどですからやっかいなのです。机の上にある鉛筆を取ろうと思うとき，「私はそれを取ることができる」という未来形の確信が自覚されることはありません。椅子の背もたれから上体を起こして，机の上の鉛筆を取りに行くとき，「目の前にある鉛筆は背もたれに寄りかかっていては届かない」という自覚もありません。先に腕を伸ばして鉛筆に手が届かない現実を知った後で，改めて椅子の背もたれから上体を起こすことはしません。上体を起こしながら腕を伸ばして鉛筆を取るという動きが，丸ごと〈未来の確信〉として捉えられています。私たちは，未来の運動を知っているから，そこでは「面倒くさい」という意識を持つこともあるのです。

§ 19 対象の同一性とは何か

〈まぐれ〉の出現回数が増え，その確率が高くなることは「同じ運動が反復的に成立した」と考えます。ところがよく考えてみると，そこでいう〈同じ〉は「客観対象としての同一性」を維持していないことに気づきます。運動課題ができたという枠組みでは，〈同じ〉ということもできます。しかし，その運動経過に注目してみるとまったく〈同じ〉ではありません。他人が示範した逆上がりと「まったく同じ逆上がり」を行うことは理論上不可能です

---

*54 ヴァイツゼッカー／木村敏・濱中淑彦訳（1995）：『ゲシュタルトクライス』 みすず書房 293 頁

し，その運動経過を撮影して，自分の逆上がりの映像を重ね合わせても，二つの逆上がりの映像が完全に一致することはありません。また，自分が繰り返していた逆上がりに同様の〈手続き〉をしても，その運動経過の図形変化を精密に分析するほど「毎回異なる運動経過の逆上がり」であることに気づきます。運動は「一回性の原理」[*55]に支配されていて，「たくさん練習をすると覚える」という私たちの運動習得は，正確にいえば「示範された運動とも違い，自分でも毎回違う運動を何度も繰り返していた」ことになります。それにもかかわらず，異なることを反復して〈動きかた〉を覚えるという〈たしかな経験〉は，どのように構成されるのでしょうか。

スーパーマーケットの野菜売り場のキャベツを「同じキャベツの山」と捉えます。よく見るとまったく同一のキャベツは一つもなく，葉の形や大きさ，色などさまざまです。そこに「レタス」を見つければ，「キャベツの中にレタスが混ざっている」とわかります。キャベツ一つひとつはすべて姿形が異なるのに「同じキャベツ」と捉え，レタスはキャベツと似たような形や色なのに「違う」と判断できるのでしょうか。ゲーテはこのような共通項を「原形象」と呼び「個々のかたち」は原形象の「変態（メタモルフォーゼ）」[*56]と捉え，「実際にこの目で見ることのできる現実」と答えているのです[*57]。幼児のこの原形象の獲得は，「同類の［感覚］印象」に目覚めてゆくことであり，ある一つの［感覚］印象が，かつてのそれと〈オナジ〉か，または〈それミタイ〉であることが，おのずから認知されることになります。はじめて眺める窓辺の雀から，やはりいつも見ている玩具の小鳥が振り返って指され，さらに絵本の鳩ポッポから，こんどは窓辺の雀と玩具の小鳥の両者が相ついで指されることになります。窓辺の雀の形象がきっかけとなり，その上に，玩具の小鳥のおもかげが浮かんで重なり合い，〈印象像〉と〈回想像〉の二重映しが成立して，幼児はこうして，この玩具の小鳥の回想像をいわば無意識の物差しとして窓辺の雀を眺めるのです。やがて，この雀の印象像は，絵本の鳩に接したとき，こんどは一つの回想像となって玩具のそれといっしょに浮かび上がってきて，

---

*55 クルト・マイネル／金子明友訳（1981）：『マイネルスポーツ運動学』 大修館書店　147 頁
*56 三木成夫（1998）：『生命形態学序説－根原形象とメタモルフォーゼ－』 うぶすな書院　4 頁
*57 三木成夫（1998）：同上書　239 頁

そこでは回想像の累積が行われたことになります。そのようにして，この累積像は幼児の成長とともにさらに繰り返される〈同類の体得〉によって，しだいしだいにその輪廓をさだめ，やがてそれは〈小鳥〉と呼ばれる根強い一つの〈おもかげ〉にまで成長発展をとげていくのです。やがて，幼児はこの小鳥の面影をただ一つの基準として，ついにはどんな鳥影を見ても，たちどころに，それとして識別ができるまでになるのです[*58]。

生きている雀，玩具の小鳥，絵本の鳩にどんな共通項があるのかという科学的思考は通用しません。精密分析でこの共通項を探そうとすると，原子論的な思考へと向かい，そこでは雀や小鳥，鳩という〈形〉は消え去ってしまいます。この原形象は時間をかけながら「同類の印象の不断の累積」によって体得されるもので，たとえば，幼児は庭先にいる雀を見て「ぽっぽちゃん」と習い，絵本に描いてある鳩を見て「ぽっぽちゃん」と習いながら，玩具の小鳥を「ぽっぽちゃん」というようになります[*59]。

しかしどうしても「原形象とは何だ，どこにあるのか」と科学的思考が頭をよぎり，何とか客観対象として取り出して，科学的分析はできないかと考えたくなります。ところがこの〈原形象〉は「私の意識の中にあり，それは取り出すことができない」ものなのです。客観的に分析できないものは非科学的な観念として排除しようとしても，街行く人を「同じ人間」と捉えたり，子どもの顔に「親の面影」を見いだす直観経験は否定できません。その志向充実の〈直観化分析〉を試みるとき，私たちは自然科学的思考と訣別しなければなりません。

---

*58 三木成夫（1998）：『生命形態学序説－根原形象とメタモルフォーゼ－』 うぶすな書院 239-240 頁

*59 三木成夫（1998）：同上書 240 頁

第II章

新しい運動学とは何だろうか

§ 20 数学的形式化と類的普遍化の違いを問う

「このクラスに男子と女子それぞれ何人いますか」という質問に対して，「15 人の男子」と「15 人の女子」という答えがあったとします。さらに先生は「では，このクラスは全員で何人ですか」という質問に対しては，15 ＋ 15 ＝ 30 ですから，全員で 30 人と答えることになります。この 15 ＋ 15 という〈手続き〉の仕方が〈形式的普遍化〉という普遍妥当性の證明になります。なにも問題はないように思われますが，15 人の男子と 15 人の女子を足そうとしたとき，男女という区別は無視して，〈同じ生徒〉という新しい枠組みで人間を捉えているのです。つまり先ほどの，男子・女子という事象内容の意味を無視したからこそ数が数えられたのです。

このように〈同じ〉という誰にでも承認される普遍妥当性を見いだすとき，「中身を無視して数を数える」という「数学的形式化」と，「その中身の本質は何であるか」を捉える「類的普遍化」という二つの〈手続き〉があります。数を数えるときには中身が何であるかということを不問に付し，その数だけを抽出する操作に入っています。そのような数学的な数量化の操作が〈形式的普遍化〉と呼ばれることになりますが [*60]，〈形式的普遍化〉は〈数学的形式化〉と呼んでもさしつかえありません。男子が 15 人，女子が 15 人と数えても，男女の区別を無視したから合計 30 人と導き出せるわけです。数字だけが一人歩きして，人間の問題でも加減乗除できるのは，そこでは人間という中身を捨てた〈数学的形式化〉という〈手続き〉をとったからです。

ところが，このように数学的形式化の手続きに入る前に，〈人間〉とか〈男女〉など対象物を区別する作業が必要となります。それが何であるかを捉えて，そこに同一性を認めないと数も数えることができません。このような，数学的形式化以前に私たちが同じと認める承認の〈手続き〉が，〈類的普遍化〉ないし〈類化〉と呼ぶことになります [*61]。そこに本質的な特徴の共通性を自分が見いだすことができるから，それを同類と括って数を数えることができるのです。クラスの人数を数えるとき，第一の手続きとして「彼は男

*60 金子明友（2005）:『身体知の形成（上)』 明和出版 155 頁
*61 金子明友（2005）: 同上書 155 頁

子」「彼女は女子」というように，それぞれ顔も体型も違う生徒を見て，「同類」と括る私の認識主観の判断がすでに先行していたのです。この営みに注目することはきわめて大切で，それが定量的分析と定性的分析という自然科学的な研究の前提になっているのです。〈定量的〉とは，ものの量を測って量的に調べることで，〈定性的〉はものの質的内容を区別して見ることです[*62]。

私たちが，クラスの男女を数えるときには，すでにどれが男子でどれが女子かという〈質〉を区別しています。認識主観の〈質〉の区別を前提に，たとえば，駅前のコーヒーショップを利用する男女の比率や，年齢層などの性質が分析されることになります。それは統計標準化という〈分析手続き〉によって，〈傾向〉という性質が導き出されることになります。その結果は，すでに中身を捨てた別の次元にいますから，ある人が今日駅前のコーヒーショップを利用するかなどとは無縁の話です。このような〈性質〉を導き出す自然科学的な〈定性研究〉は，客観的な結論を導かなければなりませんから，統計標準化という〈手続き〉が使われることになります。

スポーツ運動学は〈運動質〉の問題を解明しますが，そこでいう〈運動質〉は〈キネステーゼ感覚質〉を意味します。動感（キネステーゼ）深層にある〈感覚質〉を超越論的分析によって解明するのがスポーツ運動学的研究です。ところが，科学的な定性分析の意味での〈質〉との区別がつかないから，スポーツ運動学的分析に統計標準化の手続きを求めようとする科学者が後を絶たないのです。現象学的分析に統計標準化の〈手続き〉を求めることが常軌を逸しているのに気づかないようです。

数を数えようとするとき，秋田犬，チワワ，ダックスフントなどそれぞれの犬の「種」を認めつつも，それを犬という「類」で捉えるという，私たちの認識主観の本質問題を明らかにしていくことが〈類的普遍化〉ということになります。つまり，私たちが数を数えることは「事象内容を同じと捉える主観」が関わることになります。定量分析では，すでに前提となっている「なぜ同一であるか」ということは不問に付し，数学的形式化の中で誤差許容を捉え統計的な意味での同一性を求めていきます。どんなに精密な自然科学でも，私たちがそれを対象とする限り，私の主観において対象が措定されるこ

---

*62 中谷宇吉郎（1968）:『科学の方法』 岩波新書　122 頁

となります。私たちが対象を認識し，措定するのは「私の主観」ですから，私たちが客観的という場合，「主観のない客観」はないのです。

私たちは科学知でものを考えることに慣れていて，たとえば，二つのものが同一かどうかを判断するとき，よくわからないときには部分部分を比較して〈同一性〉を求めようとします。たとえば，二つに切り分けられたケーキのどちらが大きいかを決めるとき，より正確に判断するには，正面から見た大きさの違い，側面からみた大きさの違い，上から見た大きさの違いなどそれぞれ部分的な差を明らかにして，総合的に判断することに慣れています。ところが，桜の木と梅の木の区別は「部分を見ると，ひどく変化があって，なんら法則らしいものは見つからないが，全体としてみると，一定の型式がある」[*63]のです。だから，自然科学的な同一性を求めるような「形」とは別に，私たちが主観的に「同じ」と捉える〈かたち〉というものが実存することになるのです。主観的とは〈いい加減〉だといっても，その存在を否定できないこの〈かたち〉は科学的分析の対象から外れてしまうのです。運動分析家の陥る大きな危険は，科学的な〈分析－総合〉に基づいていないものへ，たとえば，価値意識を持つ動感質を意味する身体運動の分析に対して，その〈科学的分析方法〉を適用する場合なのです[*64]。

§21 種から類への類化に注目する

「梨」と「リンゴ」を区別し，さらに「リンゴ」の中でも「富士」と「紅玉」を区別するのは，それぞれに「リンゴ」という本質的な〈類〉を認めている一方で,「富士」「紅玉」という〈種〉も認めていることになります。それは〈類〉という〈類的普遍性一般〉と〈種〉という〈種的特殊性一般〉という区別になります。

私たちが〈逆上がり〉と認める〈手続き〉は，種としての多様な逆上がりを見ることから，そこに根源的類縁性という本質を見抜くことで，〈逆上がり一般〉という抽象化した〈類〉を構成することになります。幼児が同類の印象に目覚めていくには，それぞれ自分の目の前に現れるものとしての〈種〉

*63 中谷宇吉郎（1968）:『科学の方法』 岩波新書 209 頁
*64 金子明友（2002）:『わざの伝承』 明和出版 171 頁

について，その〈印象像〉と〈回想像〉の二重映しから，その本質を直観化して〈類〉という概念を綜合化し，形成していきます。私たちも何らかのかたちで目にする運動の感覚印象から〈根源的類似性〉をそこに見いだし,〈逆上がり一般〉という綜合化した類を形成することになります。

そのような前提的認識がないと，時間軸や図形変化の中で「同じ逆上がりは二度と出現しない」という現実から抜け出ることができなくなります。何回か試行された逆上がりを比較分析するとき，それを同じ対象と捉えている研究者の主観を排除すれば，自然科学的運動分析は成立しなくなってしまいます。「それが同類である」と研究者の認識主観が前提となり，そこから中身を捨てた〈数学的形式化〉の手続きが可能となります。

「友達は5回も連続で，逆上がりが上がったよ」と母親に報告する子どもは,「何らかのかたちで知っている逆上がり」を自分の基準として，5回と数を数えたことになります。それぞれの逆上がりの運動経過が，勢いよくスムーズに上がったり，力任せに上がったりと，いろいろな逆上がりが出現していても,「同じ逆上がり」と数えるのは,〈逆上がり一般〉という，類化的同一性をそこに見いだしているのです。

子どもが〈逆上がり〉を認める〈手続き〉は，種としての逆上がりを見ることから，根源的類縁性という本質を直観化することができ,〈逆上がり一般〉という綜合化した〈類〉を構成していることになります。幼児が同類の印象に目覚めていくには，それぞれ自分の目の前に現れるものとしての〈種〉について，その〈印象像〉と〈回想像〉の二重映しから,その本質を捉え〈類〉という概念を綜合化していきます。私たちも何らかのかたちで目にする運動の印象から〈根源的類似性〉をそこに見いだし,〈逆上がり一般〉という普遍化した類を形成することになります。そのことによって,「友達は5回も立て続けに，逆上がりが上がったよ」と報告できるようになっていくのです。

§ 22　私の間主観身体で未来を読む

〈客観的な時間〉というのは〈現在〉〈過去〉〈未来〉と理解し,〈過ぎ去った過去〉はもう終わったことで,〈未だ来たらず未来〉もまだ起こっていないことですから,〈現在〉とはその狭間の〈瞬間〉を意味することになります。

時計の針は，過去も未来も指すことなく，現在その瞬間を刻み続けています。未来を知るには，タイムマシンにでも乗って行くしかないのですが，それは現実にはありえません。ところがスポーツ実践場面に目を向けると，未来を確実に捉える現象を確認することができるのです。

バッターがボールを打った瞬間に，そのボールはある方向に向かって飛んでいきます。ボールを捕球しようと，打ち出されたボールを見ながら，未来のボールの落下地点の〈そこ〉に走ります。未来の落下点に立って，グラブを構えると，グラブにボールが吸い込まれていきます。物理時空系における科学的思考では，〈今その瞬間〉という時刻点は〈静止〉ですから，静止した運動から未来の落下地点を捉えることは不可能です。そうであれば，瞬間と瞬間の〈あいだ〉の，距離と速度を計算して，未来のボールの落下地点に走っていったと説明するのでしょうか。ボールの打ち出し角は外部視点から捉えますから，私はそれを眺めることができません。「なぜ自分が落下地点に立つことができたのか」を考えると，現在動きつつあるボールを見て「未来のボールの落下地点」を正確に統握したという，科学的に説明がつかない主観的な身体能力による事実だけが残ります。

バッターは投手が投げるボールを見て，どのような変化をして自分の前にボールが通過するかを判断します。目の前にボールが来たときにバットを振るのでは，振り遅れて空振りをしてしまいます。バットを振り出すタイミングはボールが自分の目の前に来る以前ですから，未だボールが来ていないところに向かってバットを振ることになります。日常生活でも，横断歩道を渡るとき左右を見ながら車が来ているかどうかを確認します。車が確認されたとき「渡るか渡らないか」という決断に迫られます。自分が渡りきるまでに車が来てしまえば事故に遭います。その決断は「私はそう動ける」という自分の運動感覚意識（キネステーゼ）によって行われます。歩くのが不自由な人は，かなり遠くの車を見ても「渡れる気がしない」し，健脚で走ることに長けている人は，比較的近くの車を見ても道路を走って渡ります。動く車が〈ここに来る〉までの未来を読み取ることができず，「いつか車が来る」と考えていると，横断歩道を渡ることはできなくなってしまいます。

このような未来の出来事を先読みして〈動ける能力〉が働くから，私たちは自由に動くことができるのです。物理時間で私たちの運動を考えてしまえば，サッカーのゲーム中の見事なパス回しをする味方同士は，「現在，誰もいないところにボールを蹴る馬鹿と，ボールのないところに走る馬鹿」ということになります。ところがそれが未だ来ていない未来で一致するから，素晴らしいプレーが展開されるのです。それは自然科学の前提である〈未来は過去の再現〉という因果法則に当てはまりません。パスを出す人の主観的な判断と，パスを受ける人の主観的な判断は，お互いの私の〈間主観身体〉[*65]が未来を共有しているのです。

§ 23　常識としての共通感覚に注目する

「常識」とは，『広辞苑』によると「普通一般人が持ち，また，持っているべき知識」といわれ，皆の中で一人だけそのような知識を持ち合わせていないとき「常識がない」といわれます。「あの人は挨拶もしない非常識な人だ」というように，それは共通な単なる知識だけにとどまるものではありません。いわば〈常識〉とは，「私たちの間の共通の日常経験の上に立った知とともに，一定の社会や文化という共通の場の中で，わかりきったもの，自明になったものを含んだ知」ということになります[*66]。それは「誰しもが共通に持つ感覚」と理解されることになります。誰もがすでに持ち合わせている共通の感覚を〈常識〉と考えれば，常識は時代とともに変わることになります。町中で，トレーニングウエアを着ている人を見かけますが，今ではさほど違和感を持たない「私たちの共通の感覚」，つまり〈常識〉となりつつあります。

一方，スポーツの実践場面でも，その競技の専門家だけが有する「共通感覚」という〈常識〉があります。たとえば，水泳選手の「水が重いとか軽い」という言表を耳にしますが，それは水泳選手にとっては〈共通感覚〉としての〈常識〉のようです。他のスポーツ種目でも，その道の選手だけに捉えられる〈運動感覚の常識〉があります。

野球選手が打った瞬間に〈ホームラン〉と確信し，外野手も「ホームランを打たれた」と確信するから捕球を途中で諦めたりします。それがまだ未来

*65 金子明友（2015）：『運動感覚の深層』 明和出版　144 頁
*66 中村雄二郎（1985）：『共通感覚論』 岩波現代選書　5 頁

の出来事だからといって，打った瞬間一塁ベースに向かって一生懸命走り，外野手も本当にスタンドに入るまでボールを追いかけることはしません。そこでは，バッターと外野手には〈共通の運動感覚〉として，「それはホームランだ」ということがたしかなドクサ［信念］として経験されているのです。ラグビーでは前にパスを出すことができませんから，後から来る味方に気づけないと，パスを出すこともできません。振り向いて仲間を確認すれば，正面から敵にタックルされる危険性もあります。後ろにいる仲間を背中で見る感覚がないと，役に立たないどころか大怪我をする可能性もあります。だから，専門スポーツ種目で〈共通感覚〉という常識的な運動感覚を身につけることは重要な問題になってきます。

ところが，日常的な経験とは異なるスポーツ実践場面の〈運動感覚の常識〉は，誰でも共有できるものではありません。専門スポーツ種目の中でさえも選手のレベルによって，共有できない運動感覚があるからやっかいなのです。その道の専門家といっても，トップアスリートでないとわからない運動感覚もあるからです。

トップアスリートの持つ鋭い運動感覚を読み取り，指導ができる一流コーチもいます。シンクロナイズドスイミングのコーチは，トップ選手に，たとえば，「この水はどう」と聞いて，「この水はヌルヌルしている」「手の中に入ってくる」「スカスカぬける」などという，選手の持っている〈共通感覚〉を捉えます。その選手の運動感覚を頼りに，たとえばさらさらの水だったら，スピンをするとき，水が切れてしまうから，水に手がひっかかるようにする。逆にネターッとした水なら，水に体がひっかかりすぎてスピンがスムーズにできないので，手で水を切るようにするなど，トップ選手に欠かせない繊細な表現の感覚世界に入って指導するようです [*67]。

ところが，一般的には一流選手の運動感覚は〈才能〉という秘密の箱に入れられ，「才能ある人たちの出来事」として，羨望の眼差しが向けられるだけに止まります。しかし，その道の専門家になろうと志している人たちは，「どうしたらその運動感覚を手に入れることができるか」に悩みます。練習

*67 高畑好秀監修（2005）：『アスリート・コーチング BOOK』所収　シンクロナイズドスイミング　井村雅代　池田書店　75-76 頁

によって磨き上げられる運動感覚は，技能の向上と直結した問題ですが，それを「天賦の才能」といわれてしまえば身も蓋もありません。

§ 24　できれば教えられるのか

体育指導者養成機関では実技授業が必修科目として展開されています。そこで体育教師を志す人は，多種目の運動課題が〈できる〉ことが求められています。ところが高等学校における体育授業でも，運動課題が〈できる〉ことを求められ，体育の中心的な学習目標となっています。単純に〈できれば教えられる〉と考えれば，運動課題ができる人は，〈教えられる〉条件を有していることになります。というと，高等学校の体育の授業で課題ができた人は，〈教えられる〉ことになります。しかし，その論理に従えば，幼児でも新しい運動を覚えますから，幼児でも運動を〈教えられる〉というのでしょうか。

こうして，体育の実技授業において，教師が〈教える〉意味内容は何かを検討する必要に迫られることになります。少なくとも〈運動課題ができる〉という，技能習得が体育授業の中心的な学習内容ですから，まず教える運動課題を知らせなければなりません。その上で，体育教師が自ら示範を示す能力を有している必要はあります。ところが，〈示範を示すこと〉が〈教えること〉であるとするならば，指導者はその課題ができなければなりません。「教えることが示範すること」であれば，年老いて示範ができなくなくなった体育教師は，もはや役に立たない教師として職を失うことになります。現在のようにビデオが手軽に使える時代では，再現映像を示すことで，示範の代わりも可能となりますから〈できなくても教えられる〉ともいえます。

そのような論理展開に基づいて，運動課題が〈できなくても教えられる〉と主張すれば，〈運動技能は体育指導者に必要ない〉という結論から，体育指導者養成機関で実技授業は必要なくなります。トップアスリートを育てるコーチが，じつはその道の競技経験者でない事例も珍しくありません。結局，今のところ〈できれば教えられる〉という常識はきわめて根拠が怪しく，「できないよりできたほうがよい」といわれる程度の認識に止まります。体育教師の存在理由に関わる，このような事態を巻き起こす原因には，「運動は本人が自得するものだ」といわれる常識が見え隠れしています。つまり，運動は本人が自得するのだから，体育教師はそのサポート役として，「本人が覚えやすい情況を整備する」というマネジメントによるサポートに明け暮れればよいと考えていきます。

運動課題を伝え，本人のやる気を引き出す〈言葉がけ〉をして応援すれば，体育教師はその任務を果たしたことになるのでしょうか。医者は，安静にしていても，病状が回復しない患者に治療を施します。同様に，形式的なマネジメントに明け暮れても，〈できない人〉に体育教師はどのような指導を施すのでしょうか。結局，本人の自得に丸投げしても「できない人」を救うことができる能力を持っている体育教師が専門家と呼ばれることになるのです。

幸いにして，指導実践現場で〈教える〉のが上手い指導者がいて，「あの先生に習うとすぐにできるようになる」という事例は数多くあります。そのような〈できない〉生徒をただちに〈できさせる〉指導者は，一言二言話しかけただけで，運動問題を解決してしまいます。指導を受けた人は「コツを教えてもらった」と語るのですが，そのコツという，いわば治療薬の中身が解明されないから，いつまでたっても体育の陶冶内容そのものが問われてしまうのです。

オリンピックに出場するような優秀な技能を持った選手が，指導者を志しスポーツ科学を学び博士号を取得することがあります。ところがその研究内容は，指導者としての〈コツを授ける〉能力を獲得したことにはなりません。高度な技能を身につけた優秀な選手は，自らが有しているコツやカンこそが専門コーチとしての能力の基盤なのです。だから一般に，指導者を志すには，自らの運動経験を分析して，自分が覚えた技能のコツやカンを再確認する必要に迫られるのです。〈できれば教えられる〉というのは〈できた経験を発生分析した人が教えられる〉ということを意味しているのです。その〈発生分析〉，つまり意味発生の〈実的分析〉[*68]をするためには，新しい発生運動学を学ぶ必要があるから，体育指導者養成大学の教職課程では必修科目になっているのです。体育指導者養成機関で，実技課題の達成だけを目的にした

*68 金子明友（2015）：『運動感覚の深層』 明和出版 228 頁

実習授業を展開していては，すぐれた指導者になれるはずもありません。〈教えるために覚える〉という指導者養成の実技授業のあり方が，早急に検討される必要があるのは，この意味においてなのです。

§ 25　新しいスポーツ運動学に注目する

このように問題が山積している身体教育の領域に，ドイツのマイネル教授が『運動学（Bewegungslehre）』（1960）という名著を上梓し，実践的なスポーツ運動理論を江湖に送り出しました。その理論は，今までの自然科学的運動理論とはまったく異なる運動理論で，実践場面における運動発生問題を形態学的立場から構築した理論です。しかし，新しい運動学といっても唯物論的な装いを持たなければならない当時の社会情勢でしたから，すっきりと実践的な運動学を展開できない憾みがあったようです。マイネルが主張したかった形態学的運動理論は，その著「運動学」に〈教育学的視座からのスポーツ運動理論への挑戦〉という副題をつけ，指導のための実践運動学が強調されていました。マイネル教授が亡くなってからの晩年の研究メモから，やはり現象学的形態学という新しい運動学の構築がマイネルの本意だったことが明らかになりました。

わが国では，マイネル教授の名著が 1980 年に『スポーツ運動学』というタイトルで翻訳・出版され，また晩年の研究メモを再構成した『動きの感性学』も出版されました。日本では〈運動学〉という理論が，現象学的人間学的立場に立つ新しい運動理論として根付きだしたのは，このころと考えてよいでしょう。その後，スポーツ運動学の研究者たちによってその内容はさらに深められながら，〈身体知〉による動きの発生問題が，人間の運動文化伝承の礎であることから，多くの運動学関係の本が出版され，日本独自のマイネルの遺志を継ぐ運動理論が構築されています。

わが国でも，平成元年 12 月の教員免許法の改正に伴い，保健体育教員免許取得のために「運動学（運動方法学を含む）」が必修化されています。しかし，いまだ〈運動学〉の内容についての巷間の理解は区々であり，体育指導者養成課程の教職課程で，必修である〈運動学〉がキネシオロジーやバイオメカニクスで代替している現状は解消できていません。『広辞苑』でも，〈運動学〉

は「物理時空系の運動を，エネルギー保存法則・運動量保存法則など，一般原理だけによって研究する理論物理学の一分野」というように，数学的運動学を意味しています。教職課程で必修化されている「運動学（運動方法学を含む)」は，力学でいう運動学とは違うので，〈運動学〉と〈運動科学〉を区別しても巷間での理解はなかなか得られない現状です。この〈運動学〉に〈運動方法学を含む〉と付記されているのですが，その意味すら無視されているようです。「運動方法学を含む」というのは，各種目における指導方法論の基礎となる〈運動発生〉を主題化した観察・交信や促発処方を含む「運動方法学」が意味されているのです。それは実践における運動指導理論，別言すれば動感発生の指導方法が前掲に浮上しているのです *69。

しかし，「身体の知恵」を現象学的立場から解明し体系化した「スポーツ運動学」は，自然科学的思考に慣れ親しんだわれわれには難解な学問のようです。現象学的分析法を基礎に置くスポーツ運動学は，コツやカンなど私たちの運動感覚意識の問題を解明していく学問ですから，「自然主義的態度を排除」することから始めます。ところが，科学的思考は執拗にまとわりつき，「スポーツ運動学」がスポーツ運動科学の学問分野を横断する「統合理論」と取り違えてしまうこともあるようです。スポーツ科学とスポーツ運動学の高次の協力はあっても，スポーツ運動学は異なる分野の学問を統合する「マネジメント理論」ではなく，コツやカンの内在経験の源泉に遡る〈実践可能性〉を目指す〈現象学的な運動理論〉に他なりません。

§ 26 科学的運動学との違いを確認する

〈科学（スキエンス）〉とは語源的に広く捉えれば，〈自然科学〉〈人文科学〉〈社会科学〉などを含めた学問領域として捉えますが，現代では，狭義の意味での「自然科学」と捉えるのが一般的です。だから「スポーツ科学」といえば，「スポーツの自然科学」と理解されてしまう憾みがあります。スポーツの自然科学は，人間がスポーツを行っている身体運動を，物質・物体身体として客観対

*69 浦井孝夫 (2013):「教育職員免許法施行規則に見る〈教科（保健体育）に関する科目〉の〈運動学（運動方法学を含む)〉の内容についての再確認～シラバス作成に向けて～」スポーツ運動学研究 26 号 2013.11 日本スポーツ運動学会 133 頁以降

象と捉え，自然科学的に分析する学問です。インターネットが普及して，「運動学」という言葉で検索を行うと，物理学的な運動学関係の内容の説明がほとんどですから，スポーツ運動学が「スポーツの自然科学」と誤解されるのは仕方ないほどです。本来「スポーツ運動学」は，人間の身体運動をコツやカンが駆使される〈生き生きした身体〉として分析していく学問です。

たとえば，私たちは一つの動きかたの中で「腕がどのように動いているか」を目視で観察することができます。だから「あの動きで腕が曲がった」というような感覚印象を持ちます。それをより詳しく観察しようとしたとき，「物質身体としての運動」として捉える場合と，「生き生きした身体の運動」として捉える二つの観察の起点が生じます。一瞬にして消え去ってしまう運動ですから，物質身体として精密に分析するには，運動を瞬間映像の連続として捉えます。切り取られた静止像は，物理時空系に封じ込められますから計測が可能となります。こうして「腕が曲がっている」という事実は，映像分析で角度の違いを数値化し正確に把握することになり，その結果「腕が90度に曲がっている」という客観的で精密な角度が導き出されることになります。人間の目では正確に90度という角度の違いを見つけられませんから，自然科学的分析は人間の主観よりも精度が高いと主張することになります。

一方で，生ける身体の運動として「腕が曲がっている」ことを観察する場合は，腕の曲がった角度そのものを問題にしていません。生命ある私の身体の営みとして，そこでは「腕が曲がってしまうのか」「腕を曲げているのか」を問題とします。つまり，「本人が運動感覚で，その現象をどのように捉えているか」という〈運動感覚（キネステーゼ）〉を主題化します。運動感覚で経験される世界では，「腕が曲がってしまう」ことと「腕を曲げている」という両者の〈動きの感じ〉はまったく違う経験です。ところが90度という角度を測定した自然科学では，「曲がってしまった腕」と「曲げてしまった腕」という区別はされません。

そもそも私たちが直接経験している「主観を排除する」という前提を持つ自然科学では，そのことは至極当然です。さらに，「腕が曲がるのは上腕二頭筋が収縮している」という生理学的な補足説明が行われることになります。一方で，運動学がなぜ〈生ける身体〉にこだわり，「曲がってしまった腕」や「曲げた腕」に関心を示すのかというのは，人間の〈動感発生（キネステーゼ）〉をこの理論の基柢に据えているからです。90 度に曲がっている腕の角度を本人に伝えたところで，腕の角度を変えるのは自分の〈動感感覚〉です。その動感感覚に問題があればいつまでたってもそれは改善されませんし，ましてや「上腕二頭筋を収縮させる」と念じて腕が曲がるはずもないのです。

言語的思考もままならない幼児には，そのような腕の角度を伝えたところで理解できません。ところが，わけもわからず見よう見まねで，運動問題を解決することもできます。だから「解剖学や生理学で消化が進むわけではないし，運動するのを学べるものでもない。これはとうの昔に消え去ってしまったはずの根も葉もない誤った考え方である」[*70] というマイネルの指摘は，正鵠を射ているのですが，いまだによく理解されないようです。

結局，スポーツの運動科学は，人間の運動を物体・物質の運動として捉え，対象として向こう側に置き，自然科学的に運動を定量分析する学問なのです。一方，「スポーツ運動学」は運動している人の志向経験そのものを分析対象として，私たちが感じる〈動感感覚〉を中心に運動を〈直観化分析〉する学問です。実際に感じた〈運動経験〉そのものを分析するのが「スポーツ運動学」です。だから，〈運動感覚意識〉という，意識問題を解明する現象学を基礎に置き，厳密な〈志向分析〉を施す学問なのです。自然科学という学問の性質がわからないまま，主観身体の運動内在経験を客観的に分析できると考える人が，スポーツ運動学は〈非科学的〉と考えてしまうようです。

§ 27 運動科学に危機が迫っているのか

すでに述べたように，脳科学者の，ベンジャミン・リベットは「意識はすべて，現実に 0.5 秒遅れてやってくる」といって「意識は，現実をいつも 0.5 秒ズレて映している」という結論に至る実験をしました。現代脳科学の最も革新的で，しかも他の多くの研究者によって繰り返し実験で確かめられ，すでに定説になっている重要な発見とされています [*71]。随意運動に際して，運動の主観的な意図は脳の活動より遅れて自覚され，さらに遅れて運

*70 クルト・マイネル／金子明友訳（1981）：『マイネルスポーツ運動学』 大修館書店 43 頁
*71 山口一郎（2009）：『実存と現象学の哲学』 放送大学教育振興会 91 頁

動が遂行されるという事実の発見は，皮肉にも同じ自然科学におけるスポーツ科学に多くの問題を投げかけます。

それは，簡単にいえば「0.5 秒以内で行われる運動現象は，自覚する意識を伴わず無意識で行われる反応」ということです。それにもかかわらず現実には，私たちはそのことを自覚しますが，その意識は「その時点に遡る，主観的遡及」が起こっているというのです。これは，今まで「中身のわからない箱」として，人間の運動意識という主観の問題を「ブラックボックス」に入れておいた，スポーツ科学にとっては見過ごせない重大な問題となります。「スポーツ科学は何の役に立つのか」という素朴な疑問に対しては，主体の営みをブラックボックスに入れ，〈科学的分析結果〉と〈できる〉ことを因果で結び，「スポーツ科学の力によって運動ができるようになった」と説明してきました。ところが，そのブラックボックスの中身の意識の問題を，脳科学は「0.5 秒以内の運動現象は意識できない」と実験で証明したからやっかいです。

脳科学の結論は，私たちが運動を意識的に捉えて動いていることは，私の意識以前に脳がすでに決定しているというのです。「どう動くか」はすでに脳が決定しており，それを実行するかどうかという権限だけが，物理時間的として私たちに与えられているというのです。運動を対象化して精密分析をすることは，時間を微分する方向へと向かっていきます。ですから，スーパースローのような高速度撮影は，今まで見えなかった運動現象が見えてくることになります。それは脳科学でいう人間が意識できない 0.5 秒以内の瞬間へと向かうことになります。この脳科学の実験結果を，スポーツ実践場面に照らし合わせてみれば数かずの問題が噴出してきます。人間の運動を対象化して，高度な機器を駆使して精密分析をした結果が，人間の運動に還元できない結果であることを脳科学が証明したというのであれば，脳科学によってスポーツ科学が爆破されてしまったことになります。スポーツ運動現象を自然科学的に分析するのが「スポーツ科学である」と主張しても，「何のために」という答えが出せないのであれば，意味を失ってしまいます。この脳科学の実験結果に対して，スポーツ科学はどのように反論して，その存在理由を主張するのでしょうか。

§ 28　発生論的運動学が台頭する

自然科学は再現可能な現象を実証していくものですから，この脳科学の実験結果はニューロンの発火と運動との物理時間的な関係を実証したに過ぎません。われわれの身体運動が，自覚されない意識の中で脳科学的に動く反応として呈示されても，〈どのように動くのか〉という運動感覚質の判断は，ニューロンの発火では説明できません。一方，現象学では，自覚される意識を「能動的意識」，自覚されない意識を「受動的意識」と呼びます[*72]。一般的に，無意識といわれる運動世界は「受動的意識」が働いているのであり，「自覚を伴う意識の前提には，受動的な意識が先行している」のです[*73]。だから，脳科学で証明された無意識の反応は，現象学において受動的意識の構成問題として，内在時間意識の中で解明されることになります。同様に，発生現象学を基礎に置く「スポーツ運動学」は，スポーツの運動現象における〈無意識の反応〉の解明から，〈動ける〉という発生問題を解明していくことになります。

だから, この動感意識の問題は「客観的で実証されないものは誤りである」という自然科学的分析を拒否することになるのです。動感意識は私たちの認識主観の中で生じている問題ですが，その区別もつかないほど，私たちは科学的思考に慣れ親しんでいるのかもしれません。

物理学者マッハによるよく知られたイラスト（次頁の図）[*74]は，右目を閉じて左目だけで見ている，自分から外に見える光景が描かれています。左目から眺める景色の中に，自分の左手やペンを持っている右手が描かれています。その先には窓があり外の景色が映っています。誰でも実際にこのような，光景の見え方をすると思います。これが〈直接経験〉された世界ですが，まさに「主観を描いた絵」と考えることができます。この直接経験は「主観的」であっても，まだ「客観的でない」という意味で「主観的であり」，それは客観性の前提なのです[*75]。

---

*72 山口一郎（2012）：『現象学ことはじめ［改訂版］』 日本評論社　114 頁以降
*73 山口一郎（2012）：同上書　117 頁
*74 Ernst　Mach（1886）："Die Analyse der Empfindungen" 1886,Jenea,Verlag von Fischer S.14 より転載

複数の人に「私が見える世界」として，このようなイラストを描いてもらったとき，そこに共通して窓が描かれていたとすると，「誰もが窓があることを認めている」という主観的で共通な事実が浮かび上がってきます。この直接経験された世界の，〈向こう側の窓〉を対象とする世界を「主観を前提とした客観世界」と位置づけることになります。一方で，窓を見ている私の主観をさらに掘り下げ，「窓が見えるという認識主観は，どう構成されているのか」という自我世界も問題となります。運動の場合は「私が動いている」世界ですから，この絵を真似ても，「私が歩いている」という〈主観を描いた絵〉は描くことができません。景色を固定してしまえば「歩く」という動きは表せませんから，直立不動でも歩行でも，同じ景色となってしまいます。それでも「私が歩いた」という直接経験された運動世界は，誰も否定できません。

マッハによる左目から見た世界のイラスト

私たちが一つの〈動きかた〉を覚えようとして試行錯誤しているとき，そこでは自分が感じた〈動きの直接経験〉で自らの動きを評価しています。このイラストでいえば，向こう側に見える世界ではなく，手前側の「自分が感じている世界」の中で「私の運動」は起こっているのです。スポーツの練習場面では，「今の手の使い方はさっきと違う」「この動きかたがおかしい」など，直接経験された自分の感覚を主軸において，「どのようにしたらよいか」という結論を模索していきます。この動く感じの〈経験分析〉が上手くでき

*75 谷徹（2002）:『これが現象学だ』 講談社 46 頁

ない人は，思い通りに動かない手足に抵抗を感じるものの，運動問題の改善に苦労することになります。

このようにスポーツの実践場面で起こっている，主観身体の営みの謎を解明するのがスポーツ運動学の役割です。さらにそれは「どのようにしたらできるのか」という動感発生を，その〈今・ここ〉に顕現していない地平まで立ち入って〈直観化分析〉をしていくのですから，スポーツ運動学を端的に〈発生運動学〉と置き換えてもさしつかえないことになります。

第Ⅲ章

動感身体の運動を問い直す

§ 29 物体の運動を考える

日本語の〈運動〉という言葉は多くの意味で使われますが，ここでは「ある物体が時間の経過につれて，その空間的位置を変えること」という『広辞苑』の物理学的意味の運動と，それを認識する私たちとの関係を取り上げます。

ある物体がA点からB点へと位置を変えていくとき，私たちは「何かが動いた」とそこに位置移動を認めます。すでに消え去った過去のA地点にあった物体と〈同一のもの〉が，現在B地点にあるという前提に支えられ，同一物体の〈起点〉と〈終点〉という，2点の〈あいだ〉に私たちは運動を認めます。それは私という主観の中で，〈そこから，ここまで〉という起点と終点の順序づけをして，時間順序の流れの〈あいだ〉に運動を認識していることになります。運動が私の向こう側で絶対起こっていると考えても，私たちは〈そこ〉と〈ここ〉との相対的な順序が意識の中で構成できなければ，運動は認識できなくなります。

たとえば，並列して同じ速度で走っている電車の窓から，向こう側の電車を見ると止まっているように感じます。そのとき，向こうの電車から目を反らし，背景に目を向けると自分の乗っている電車が動いていることが確認できます。「何かが動いている」と，そこに運動を認めるときには，私たち自身の意識の問題が強く絡んでいるのです。運動の認識に主観が〈いつもすでに〉立ち入っているということは，なかなか納得できないようです。

ロケットを宇宙へと打ち上げることができるのは，自然科学の素晴らしい成果ですから，その運動認識にわれわれの主観が入っているとは思えません。運動の起点と終点は，物理時空系の時間順序として計測できるし，その移動距離も測定できるから速度を導き出すことができるのです。その計算が正確だから，何時間後には大気圏を脱出するという計算も可能ですから，計算される運動に主観が入っているとはとても思えません。小学校では，「2㎞の距離を歩くのに30分かかりました。歩く速度は時速何㎞ですか」という計算を習っていますから，いまさら「運動が何であるか」と考える必要もないと思うのが一般的です。ところが時速4㎞という正解が出ても，そこには〈歩く〉という具体的な運動形態は出現していません。それは「あるものが2㎞の距離を移動するのに30分かかりました。移動速度は時速何㎞ですか」という意味になります。この場合，速度が問題であり，その移動物体や形態は〈あるもの〉として，その中身を問わないことになります。このように動く物体そのものが私たちに直接経験されなくても，運動が絶対的に存在するから，速度が計算できることになります。その結果，遙か彼方の見えない宇宙空間に向けて衛星を飛ばして，無事に地球に戻すことが可能となるわけです。人工衛星が落下しないで地球の周りを廻っているのは，「落ち続けているから地球の周りを廻る」ことになります。それは宇宙空間がきわめて安定した状況なので，正確に重力の影響を受けるから，速度と落下の関係は安定しており，地球の円周と一致するわけです。ところがテレビ塔の天辺から落ちる紙の行方を計算しようとすると，風の影響や刻々と変化する紙の形というきわめて複雑な要素が絡んできます。だから「火星にいける日がきても，テレビ塔の天辺から落ちる紙の行方を知ることはできないというところに，科学の偉大さと，その限界」[*76]があるのです。たとえば大勢の人間の考え方を調べるには，科学は役に立ちますが，個性を持つ一人ひとりの人間の意識のような問題を科学が取り上げるのは，場違いの問題なのです[*77]。

私たちが〈人間が歩いている〉という身体運動を捉える意識問題は，〈人間〉としての〈主語的意識〉，〈歩く〉という動きかたを捉える〈述語的意識〉を問題にしていますから，それは自然科学で取り扱うことができないのです。仮に自然科学で捉えようとすれば，「それが動いている」という中身を捨てて，形式的普遍化の手続きをとることになります。「歩く」「走る」「早歩き」「小走り」という表現の運動認識は，私という主観身体の中での区別であり，単なる物体の移動速度で規定することはできないのです。

§ 30　ゼノンのパラドックスに向き合う

私が向こう側の対象の〈そこ〉から〈ここ〉という2点の時間順序を捉えるから，移動運動が認識されますが，その起点の記憶が消えてしまえば，運

---

*76 中谷宇吉郎（1968）：『科学の方法』 岩波新書　87-89 頁
*77 中谷宇吉郎（1968）：同上書　13-14 頁

動は認識できるはずもありません。起点や終点は，物理時間でいえば〈現在のその瞬間〉という〈時刻点〉ですから，現在その瞬間を見て「それは動いている」とはいえません。〈だるまさんが転んだ〉という遊びは，実際に人が動いている姿は見ていないのですが，鬼は同じ人の起点にいた場所と終点にいる場所が変化したと思うから，「その人が動いた」という認識が成立しているのです。ところが，それは人が動いている姿を直接経験していないので，鬼はつかまえることができません。

運動が見えていないのに，運動を認識できるのは，私たちは物の運動概念を知っているからです。運動の概念を「同じものが位置移動する」と定義づけるから，動いているところを見なくても，運動と捉えるのです。それは〈直接経験〉された運動ではなく，概念によって認識した運動です。たとえば，人は〈犬〉という概念を形成しようと試みるさい，私の飼犬のポチ，隣家の飼犬ジョン等々の個体群を〈集める〉ことをしますが，ミケ，タマ等々の個体ははじめから除外します。ましてや〈犬〉という概念を抽象しようという場合，机とか石とか，木とか草とか，こういった多数の〈物〉を与件群に入れません。ミケやタマや，机や石や草や木などを排除するのは，まさにそれは〈犬でない〉からです。つまり，人は〈犬〉という概念を今から抽象・形成しようと企てているのであるにもかかわらず，何は〈犬であり〉何は〈犬でない〉かを与件収拾の場面ですでに知っていることを意味します[*78]。

運動という概念を成立させているのも，私たちが「運動を認識できる」という前提を承認しているからです。つまり，私の主観において運動が認識できるから，運動の概念が成立しているのです。「新幹線が時速 300 ㎞で走る」と聞くと「速い」と考えるのは，運動を認識できる私がいて，運動速度に違いがあることをいつもすでに知っているからです。

運動はつねに消え去ってしまいますから，それを再現する場合は瞬間映像の連続として捉えます。再現映像の起点と終点の〈あいだ〉を計測すれば速度が導き出せます。そこでは，その二つの再現映像の間（あいだ）に〈運動〉が認められることになります。手を右から左へと動かしたところを撮影します。右側にあった手と左側にあった手の，2 コマの瞬間映像を取り出して，その距離

*78 廣松渉（1988）:『哲学入門一歩前　モノからコトへ』 講談社現代新書　117-118 頁

を時間で割ると速度が求められます。ところが，その速度を計算したはずの，〈動きつつある手〉は映っていません。〈あいだ〉を計算したのですから，〈あいだ〉の動きは映像にはないのです。その距離を微分していっても，変化がある限り〈あいだ〉は抜け落ちているのです。〈今撮影した瞬間〉と〈次に撮影した瞬間〉の変化がゼロになってしまえば，〈同じ瞬間映像〉が撮影されることになります。それは「止まっている矢も動いている矢も，ある時刻をとればある位置に止まっていることになる」という飛ぶ矢の〈ゼノンのパラドックス〉に陥ります [*79]。

「テレビ放送や映画で運動は再現されているじゃないか」と反論したくなりますが，それは映像に映らない〈私に与えられている動感（キネステーゼ）経験〉が運動を認識させているのです。見えないものを認識する〈私の主観身体〉が運動を成立させていることになります。私の運動認識は，一枚の絵画に「まさに今動こうとする一瞬」を封じ込める芸術作品に感動します。絵画の世界は私たちが〈直接経験〉している世界を描けるから，一枚の絵に動きを封じ込めることができるのです。また，絵画では透明なグラスを描くことができます。そこでは「透明の物体を描くには，透明の絵の具が必要だから不可能である」という科学的思考は通用しません。「ガラス感」「空気感」といわれる，人間の〈直接経験〉を表現できる，芸術家の観察眼は素人の私たちには想像もつきません。

§ 31　自然科学は再現を前提とする

運動は次つぎと消えてしまいますから，それを分析対象にするには，消えないようにしなければなりません。距離や時間を計測するときに，起点や終点の場所が消えてしまえば計算できませんから，自然科学として運動を対象化するには，「過去の出来事を再び現在に現す」という〈再現〉を前提にしています。だから自然科学とは，再現可能な現象だけを抜き出して，説明する学問なのです [*80]。再現可能な現象に「なぜこだわるのか」というと，それは，「未来にも同じことが必ず現れる」という前提に立っているからです。

---

*79 村上陽一郎（1989）:『時間の科学』 岩波新書　10 頁
*80 中谷宇吉郎（1968）:『科学の方法』 岩波新書　17 頁

「未来にも同じ現象が現れる」という考えの下に，過ぎ去った過去の出来事を現在に蘇らせて分析をすることになります。「過去の出来事は二度と起こらない」のであれば，それに科学的分析を行っても意味がありません。自然科学では，過去の同様な出来事を分析していくうちに，ある一定の法則が見つかることになり，それが，現在から未来への予測を可能にするのです。ところが，自然界はそう簡単に，過去と同じことを未来に再現させてくれませんから，過去にない出来事が起こると〈想定外〉というのは至極当然なのです。

運動を映像によって再現する場合は，映像の〈間欠性〉という問題が絡んできます。動いているボールでも，ある瞬間だけを映像として取り出せば，止まっているボールと区別がつきません。ビデオ映像を静止させると，そこにはある一瞬の静止映像が現れます。次のコマへと送ると，それはまた違った形の静止映像が現れます。このように，静止像と静止像の間が抜け落ちる〈間欠性〉が映像の特徴です。ところが，このような瞬間映像を連続的に再生すると，私たちは運動が再現されたと感じます。静止画をある一定のスピードで再生すると運動としての視覚印象を持ちますが，それは，小学校の時にノートの隅に描いたパラパラ漫画と同じ原理となります。ページごとに手足の動きを少しずつ変化させて描き，最後にノートをパラパラとめくると動いているように見えます。その動きがぎこちないときは，前の絵と次の絵の動きの変化を少なくすると，なめらかな動きとなります。

一定のスピードで再生されると，運動の視覚印象を持つ人間の特性から，それは見かけの〈仮現運動〉[*81]と呼ぶことになります。この仮現運動は，運動知覚の諸現象を含む広い意味でも使われますから，客観的に静止している対象が瞬間的に出現したり消失したりすることで動いているように見える〈β運動〉を意味することになります。〈仮現運動〉だからといって，テレビや映画を見るときに，それを本物の映像と考える意識的努力なくても，表情やしぐさから直接的に生き生きと感情が伝わってきます。それは，瞬間映像の連続が私にもたらした感情ではなく，私がその映像を見るという主観身体の意識の中で構成されたことなのです。

運動そのものは消え去ってしまいますから，瞬間映像の連続として再現し

*81 金子明友（2002）：『わざの伝承』 明和出版　306 頁

ない限り科学としての精密分析はできません。そのような精密分析によって，スペースシャトルの事故の再現映像は，燃料補助ロケットに原因があったことを特定できるのです。私たちの目には一瞬の出来事として消えた運動でも，再現映像を分析することでいろいろなことが明らかになります。このように，運動を「瞬間映像の連続とみなす」ことで自然科学的分析が可能となります。痛ましい過去の事故を精密に分析することにより，未来に二度と事故が起こらないように心します。それは物理学的法則によって動かされている物体だから，未来も同じ条件であれば，再現が可能なのです。ところが，私たちが〈動く〉というのは，自らが手足を動かすことで，物理学的法則によって動かされているのではありません。

〈まぐれ〉でも運動ができることは，自分の身体が成し遂げた出来事ですから，未来にも再現される〈本質的可能性〉を持つことになります。「できたはずなのに」といって，再び〈まぐれ〉が再現されることを望んで，一生懸命練習することになります。ところが〈私が動く〉場合は，そう簡単に〈まぐれ〉が再現されることはありません。何回かの〈まぐれ〉の出現に出会いながら，統一的な〈コツ〉をわが身で了解して，できるようになっていきます。それは外部視点から見れば，「過去にできた運動が再現された」と考えてしまいますが，実際にコツをつかんで〈できる〉という確信を持った人は，最初にできた〈まぐれ〉とはまったく異なる運動感覚（キネステーゼ）意識なのです。〈私が動く〉ということを主題化したとき，それは未来に〈まぐれ〉が再現されたのではなく，コツをつかんだ「新しい感覚質が発生した」という〈意味発生〉なのです。

§ 32　選手の自己運動に入り込む

昨今の産業界では，二足歩行をするロボットや人間の手作業に変わるような精密な動きをするロボットなどが活躍しています。将来は人間とまったく同じことができるアンドロイドが開発される可能性も否定できません。ロボット開発は自然科学的な研究ですから，たとえば，人間を個々バラバラにして外部視点から観察・分析し，それらの機能を持った部品へと代替させていくことになります。筋力はモータートルクなどに変換したり，握る力の細かい違いは圧力センサーで感知したりして，人間の機能を切り刻んで各パーツにその役割を持たせて人間型ロボットを開発します。そのような人間の持つ機能をロボット化することで，人間は危険な作業から解放され，疲れを知らない機械は大量生産を可能にしました。それが人間の文明の発展に大きく貢献していることは間違いありません。スポーツの世界でも，ピッチングマシンなどボールを投げる機械が練習を助けてくれたり，最近では卓球ができるロボットも開発されたようです。今後さらにこのようなロボット研究は進んでいくことと思います。

ロボットの製作の場合は，何か問題が生じると，その原因となる部分を分析し研究者たちは解決に向かいます。ところが人間の場合は，〈物質・物体的身体〉と〈生命的身体〉の両面を持ち合わせていますから，そう簡単に解決しません。「動けない」原因が物質・物体的身体に求められることもあります。怪我をして靭帯の断裂でもあれば，その機能が有する動きに制限が起こります。しかしそのような場合，靭帯の再腱手術により問題が解決されます。一方で，大人でも「金槌」と呼ばれる泳げない人がいますが，泳げる子どもたちもいるのですから，それは〈物質・物体的身体〉の異常とは考えられません。日常生活や他のスポーツを行うことに問題がなくても，泳げない人はいます。それを〈水への恐怖〉として心の問題にして取り上げますが，「水への恐怖」を取り除けたとしても，〈泳ぎかた〉を知らなければ溺れてしまいます。

「生理学的早産」といわれる私たち人間は，生まれてから多くの運動を身につけています。逆に，新しく運動を覚えられなければ，人間としての生活も不自由を強いられます。その動きかたの習得は，個々バラバラに習得されるものでもなく，それは物理学的法則によって動かされているものでもありません。そこには，自ら動くという〈自己運動〉が認められることになります。

あるものが生きているかどうかを確認する場合，ことにそれが動物である場合には，まずその運動を見ることになります。猫がじっとしているとき，「生きているのか，死んでいるのか」が気になると，自らが動いているかを確認します。脅かしてみたり，棒で突いてみたりと刺激を与え，何らかの動きを見ることになります。つまり自己自身の力で自己自身との関係において動作を行う存在として「自分で動いているから生きているのだ」というヴァイツゼッカーの〈自己運動〉を認めることになります [*82]。

つかまり立ちができるようになったばかりの幼児を坂道につれていき，支えている手を離すと，転ぶ前に足が数歩動き，移動が生じたとします。歩行は足を交互に出す動作と考え，「歩行の最小単位は左右の足が一歩ずつ動いたことである」と考えて，「自分の子どもはもう歩けるようになった」と思う人はいません。一歩二歩と足が前に出て移動しようとも「歩けるようになった」という認識を持たないのは，それは〈有意味に自ら動く主体〉である生きものの〈自己運動〉の認識に至らないからです [*83]。つまり有機体の運動は，自己運動として理解されるべきこと，いわば意図を持たぬものとして理解してはならないのです [*84]。数学的等質時空間における物質身体の変化・移動と静止に関する運動概念は，運動を自然科学的に分析するときに使われ，そこでは運動する自らの意図や決断は無視されることになります。客観的な測定に耐えられる〈体（からだ）〉という物体に置き換えることになりますから，スポーツ場面での私たちの運動は，〈物体の運動〉に置き換えられてはじめて，科学として精密分析の対象となります。そこでは，〈自己運動〉としての〈まぐれ〉も〈当て外れ〉も区別されません。

スポーツの〈運動学〉は，現象学的生命時間における〈自己運動〉を分析しますから，それは現場の指導者が行っている〈実践的経験分析〉が意味されています。だからこそ，〈よい失敗〉〈悪い成功〉などという奇妙な表現が使われるのです。結局，人間の運動も〈端的に再現される〉と考える場合しか，自然科学的な運動分析は通用しないのです。一方で，自己運動を人間の生き生きした運動として捉えれば，過去の同一運動が再現されるのではなく，新しい感覚質が〈発生〉したことになります。だから，スポーツ運動学で捉える自己運動の分析は，再現性を否定しているから，自然科学的分析が不可能となるのです。

指導者は，具体的に動きかたの欠点を見抜き，その運動問題を引き起こし

---

*82 ヴァイツゼッカー／木村敏・濱中淑彦訳（1995）:『ゲシュタルトクライス』 みすず書房 31 頁

*83 金子明友（2002）:『わざの伝承』 明和出版 324 頁

*84 ヴァイツゼッカー／木村敏・濱中淑彦訳（1995）: 前掲書 213 頁

ている本人の運動感覚意識を解明して，コツやカンを修正していきます。「タイミングが違う」「力の入れ方が違う」という実践場面での指導者の指摘は，生徒や選手の〈自己運動〉を分析していることになります。誰でも自己運動に蔵（かく）されている動感問題を見抜けるわけではありませんから，そこに指導者の専門的な〈動感能力性〉の存在が認められることになるのです。

§ 33 反逆身体と対話する

「身体」という言葉には二つの漢字が使われています。それぞれ「身」は中身を表し，〈体（からだ）〉は殻の俗語表現で抜け殻となった亡骸をも意味しています [*85]。つまり，〈身体〉という表現は，〈外から見た身体〉と〈中から感じる身体〉の二つの〈からだ〉を意味することになります。〈身体〉に二つの〈からだ〉が意味されたところで，自分の身体が〈身と体〉に分裂するわけではなく，日常生活ではそのような違いを感じることもありません。

右手を挙げたとき自分は右手を挙げたと感じているし，それを見た友達も右手を挙げたといってくれます。「中から感じるからだ」と「外から見たからだ」は同じだから，不自由なく日常生活を送ることができます。もし，自分の思うことと別のことをする〈身体〉を有していたら困ったことになります。ご飯を食べようと茶碗に手を伸ばしたら，手が勝手に味噌汁の椀を取りにいくのでは困ります。そのようなことが起こらないから，私たちはつねに自分の思いに従う身体を有していると考えます。それでも日常生活をよく思いだしてみると，自分の思いと違った動きをする身体に巡り会うことがあります。

公園の水飲み場に，蛇口を逆さにして上向きにした水道があります。遊び疲れて蛇口をひねり水を飲んだ後に，止めようと思ったら逆に蛇口を開けてしまい，水が勢いよく出て濡れた経験があります。自分では水を止めようと思ったのに，〈手が勝手に〉水を出す方向に回したようです。机の裏のネジを締めようとして手を机の下に入れて，手探りでネジを捜します。ネジが見つかって「ねじ回し」でネジを締めようとしたとき，緩めてしまうことがあります。それに気づいて締める方向にネジを回すのですが，机の上から見え

*85 金子明友（2005）：『身体知の形成（上）』 明和出版　75 頁

ないネジを想像すると，なんとなく逆に回している感じがします。

普段は自分の思うように動く手足のはずが，時どき思い通りに動かないことがあります。このような自分に逆らう〈からだ〉を「反逆身体」[*86]と呼びますが，日常生活で〈反逆身体〉に巡り会う機会は少なく，自分の手足はつねに自分のいうことを聞く〈沈黙身体〉であることが当たり前になっています。自分の身体は自分の思い通りに動くという常識に疑いを持つことは，日常生活ではほとんどありません。

ところが，体育・スポーツの運動技能の習得場面では〈反逆身体〉をどう克服するかに焦点が絞られます。「なぜ練習をするのですか」と聞かれれば，「できないから」と答えます。思うことがすぐにできれば何度も練習をする必要がありませんから，まさに〈反逆身体〉を意のままに動く身体へと導くことが練習の意味になります。運動学習場面で自分の「こうしたい」という思いと，実際に「そう動けない」ということが，〈反逆身体〉を意味しています。

新しい〈動きかた〉を身につけようとすると，自分の思い通りに動かない手足に気づきます。「こうしたいのに手足が勝手に」と，自分の手足が別の人格を持っているような錯覚に陥ります。ご主人様である自分のいうことを聞かせようと，つまり〈反逆身体〉を克服しようと一生懸命練習をすると，やがて思い通りに動く手足を手に入れることができます。毎日の練習の成果は，自分の身体が自分の意志に従う〈沈黙身体〉の様相変動が示されます。ところが，試合など重要な場面になると，今まで練習で手に入れたはずの〈沈黙身体〉は一気に〈反逆身体〉に豹変し，ご主人様である私を裏切ることがあります。練習ではうまくいっていたのに，試合本番で〈反逆身体〉と遭遇し「今まで自分は何を練習してきたのだ」と悔やむ仕儀になります。

このように肝心な試合の場面で自分の身体に裏切られた経験を持つ人は多くいると思います。「なぜあのときに，思い通りに動かなかったのか」と失敗を悔やんだところで結果は変わりません。ところがその後の反省練習では，試合で反逆した身体は何ごともなかったかのように再び沈黙を守り，自分の思い通りに動く手足に戻ります。「あれほど練習したのに，試合のとき

*86 金子明友（2005）：『身体知の形成（上）』 明和出版 315 頁

だけ自分の身体に裏切られた」という苦い経験を味わった人は少なくないと思います。

そんな反省から，「今度こそ自分の身体に裏切られないように」と習練を積み重ねていくうちに，自分の手足が自分に降りかかる危機を救ってくれることもあります。サッカーでディフェンスの選手が相手に「抜かれた」と思った瞬間，足が勝手に動いて相手のボールを止めたり，ゴールキーパーがコースを読み違えたとき，身体が思いもよらない動きをして，ボールを止めてくれることもあります。体操選手が鉄棒で手を離して再び鉄棒を持つ技で，「届かない，落下する」と思いながら手を伸ばしているとき，自分の手が何センチも伸びたように感じるほど手が伸びて，鉄棒をつかむことがあります。長距離選手が「自分の足はもう動かない」と諦めかけているとき，足が勝手に動いてくれてゴールまで導いてくれることもあるようです。このように，厳しい習練を積み重ねながら〈反逆身体〉と向き合っているうちに，自分が危機と思うときを救ってくれる身体に巡り会うこともあります。そのようなとき危機を救ってくれた自分の手足に「ありがとう」と感謝の言葉をかける人もいます。体育・スポーツの技能習得では，〈反逆身体との対話〉がいつも求められているのです。

§ 34 反逆身体が反復を誘う

「私に逆らう」ということは，私が「〜したい」という自分の企図に逆らうことですから，そのような企てがなければ身体が逆らう理由もありません。初心者のうちは，その企てが運動結果だけに向いていますから，ただちに〈反逆身体〉には気づかないようです。初心者でなくても，「できればよい」という運動結果だけを求める程度では，反逆身体の存在には気づきにくいようです。一方，「こうしたい」といろいろ工夫して，自分の思い通りの〈動きかた〉で運動結果をだそうとすると，どうしても反逆身体の存在に気づかされます。

子どもは運動課題の達成だけに関心があり，やり方はどうでも結果が出れば満足します。幼稚園の運動会で玉入れを行うとき，たくさんの玉を拾って一気にカゴのほうに投げる園児がいます。玉を一つひとつ拾っては投げる園児でも，「玉をカゴに入れること」を目的にしていますが，「どうしたら確実に玉がカゴに入るのか」という〈動きかた〉の工夫には関心は向きません。〈まぐれ〉でも玉が入れば嬉しいのです。ただ「球を投げているうちに籠に入ることが面白い」という子どもたちのほうが多いようです。親は「いい加減だな」と思いながらも，自分の子どもが何個玉を入れたかを数えています。

このように当てずっぽうに玉を投げている園児たちは，まだ〈反逆身体〉に気づきません。仮に「カゴに玉を入れたい」という願いはあったとしても，それを実現する具体的な〈動きかた〉を意識することはないし，玉がカゴに入らないという結果が，〈動きかたの失敗〉と考えるレベルに達していないのです。年齢を重ね，ある程度自分の動きかたの違いに気づけるようになると，「どこに投げれば玉がカゴに入るか」ということに関心が向いていきます。そのとき「自分が思うところに投げられない」という〈反逆身体〉に気づき始めることになります。

遠くのゴミ箱にゴミを投げ入れようとして失敗したとき，ゴミ箱のところまで行き，横に落ちたゴミを拾ってゴミ箱に入れます。ところが投げ入れる失敗を強く残念に感じると，ゴミを拾って元の場所に戻り，再びゴミ箱にゴミを投げ入れる人がいます。上手くいかないと，何度もゴミを拾っては投げ入れることに挑戦する人もいますが，その行為の目的はすでに「ゴミを捨てる」というよりも「自分の〈動きかた〉を実現する」ことに変わっているのです。自らが企図したことが実現できない，〈したい－できない〉という〈反逆身体〉に強い関心が向き，「さっきよりも，もっと上を狙えば入るか」と検討を重ねます。投げたゴミがゴミ箱に入ると，何ともいえない不思議な満足感を感じつつ，その〈衝動志向性〉に対して理性が「無駄な時間を過ごした」と反省させるのです。

「ゴミを投げ入れる」失敗は，企図したことを実現してくれない〈反逆身体〉が顔をのぞかせていることになります。普通は「ゴミ箱まで行くのが面倒くさいので，投げて入ればよいな」という程度でゴミを投げます。失敗すれば重い腰を持ち上げゴミ箱のところまで行って落ちたゴミを拾って捨てるか，さらに面倒くさい人は，誰かが気づいてゴミを捨ててくれることを期待してゴミを放置しておきます。ゴミ箱に入らなかったゴミを拾い，元の場所に戻ってゴミを投げ入れるのは，ゴミを〈投げて入れる〉という〈動きの価値意識〉がその行為の中に目覚めたことになります。単に「ゴミを捨てる」という目的に沿った行為は，いつの間にか「ゴミを投げて，ゴミ箱に入れる」という新たな「動きの価値を含んだ行為」に変わったことになります。この〈運動の価値意識〉は〈反逆身体〉の感覚質を目覚めさせてくれるのです。

§ 35 成果主義が感覚質を弾き出す

体育の授業では，運動課題が設定され，生徒たちはその課題を達成するために練習をします。その練習過程では，つねに〈反逆身体〉と向き合っていることになります。最初は運動課題に挑戦するだけの練習から始まり，〈まぐれ〉がではじめると，その運動課題に関心を持つようになってきます。さらに，同じ運動課題を達成している仲間を見て，「あのようにできるといいな」と〈動きかた〉の価値意識が芽生え，動きのコツやカンに関心を持ちはじめます。

逆上がりができると「もっと上手にできるようになりたい」と思い，練習に励む生徒がいます。一方で，〈まぐれ〉でも運動課題が達成されると，それ以上の技能向上を望まない生徒もいます。それは今までの逆上がりと違う，新しい〈動きの価値〉を感じた生徒と，「これでよい」というそのでき方にとどまる生徒の違いです。それ以上の技能向上を望まない生徒に，「もっと上手になるとよい評価になるよ」と別の目当てを示すことがあります。ところが「よい評価をもらう」という形式的な価値だけでは，自分の〈動きかた〉の工夫への関心は薄く，反復による〈まぐれ〉の確率的練習にとどまります。「さらに上達する」という目標に向かっている両者ですが，その学習内容は大きく異なっていることに注目する必要があります。

〈まぐれ〉に出会わない生徒に，先生は一生懸命指導をしますが，いつまでたっても「できない」反復努力は，別な意味で先生の関心を動かします。運動課題ができていないのに，「よくがんばったから」と努力点を与えたくなります。そこでは運動課題が〈努力そのもの〉にすり替わり，〈できなくてもよい〉体育授業になってしまいます。運動課題の達成に向かう反復努力を評価するなら，その回数が多いほど評価が高くなります。数回で運動課題を達成した生徒よりも，いつまでもできないで苦労をしている生徒のほうが優れているというのでしょうか。

体育の授業で実技を行うねらいは健康・体力づくりのためで，「国民は誰しも健康を手に入れる権利があり，それを保証するには体力が必要だから」と説明できます。それは新しい技能を習得しなくても，目標が達成できますから，「苦手な技能課題はやらなくても，健康体力づくりはできる」という〈楽しい体育〉という道に向かいます。さらに「学校でなくてもスポーツクラブで健康・体力づくりができる」と学校体育の必修性が疑問視されます。〈身体〉の〈体(からだ)〉の側面から考える体育の生理学的効果は，〈身〉を捨てた〈数学的形式化〉の手続きをとりますから，技能習得という〈中身〉は背景に沈められてしまいます。健康・体力づくりに貢献する体育学習だけでは，運動技能を習得する意味が説明できません。

〈運動技能の習得〉を「反逆身体と向き合い，技能を習得することは人間教育にとって大切だ」と踏み込んでみても，〈反逆身体に向き合う〉だけであれば，皆が同じ運動技能を覚える決定的な理由とはなりません。教材の本質的必然性の検討が甘いと，「なぜ逆上がりを覚えるのか」という素朴な疑問に明快な答えを出せません。そのような現状だから，一般的に受験に直接関係しない体育の存在理由が改めて問題にされることになります。

§36　動きの感覚質に注目する

算数の計算では〈正解〉と〈不正解〉は，はっきりと区別されます。先生は，時間をかけても問題が解けない〈不正解〉だった生徒に，「努力したからよい」とはいいません。ところが体育の授業では，〈動きかたができる〉という正解の中に，〈動感質〉の違いという〈動きかたの価値意識〉の問題が絡むからやっかいです。身体の運動は，誰もが理解できる具体的対象ですから，〈できた〉ことは，他教科でいう〈正解〉と考えることができるのでしょうか。〈できた〉人をすべて〈同じ正解者〉と考えればよいのですが，その〈できばえ〉はまちまちです。算数の正解には，上手い，下手はなく，計算結果だけが評価の対象です。体育は運動課題の達成という目的を果たしても，そこに〈上手〉〈下手〉という〈動きかたの意味と価値〉が評価に入っていきます。動きかたの意味と価値が〈技能の評価〉となるわけですが，それは外部視点から捉えた運動経過の差だけではありません。

競技スポーツの世界でこの〈動感質〉が話題となったのが，シドニーオリンピックの柔道競技での篠原選手の「内股すかし」の判定です。相手が内股という技を掛けてきたのを，篠原選手が〈透かして〉相手を倒したのですが，篠原選手の技に一本が認められなかったのです。判定を不服としてその再現映像を見ても，「わかる人にはわかるし，わからない人にはわからない」といわれる〈意味発生〉の問題なのです。ただ本人同士は自分の企図と，実現の結果を直接動感で捉えていますから，この〈正解〉は知っているはずです。バットでボールを打つときに「本当に空振りした」人が，「わざと空振りした」というように，人は嘘をつくこともできますから，他人の〈動感質〉を見抜くのは，きわめて高度な〈動感能力性〉が求められることになります。

〈私の運動〉として本人が企図した動きと，実現した結果との関係の中で，〈上手〉〈下手〉と技能が評価されます。サッカーでボールコントロールの上手な選手がいても，ゲーム中にパスを出す場所がわからないのであれば，「上手い動きだけど間抜けな選手」と呼ばれます。一方，ボールを蹴る技術は「下手だけど勝れた選手」と呼ばれる，〈ゲーム勘〉が冴えた選手もいます。スポーツ実践場面では別段違和感のないこの二つの表現ですが，評価をしようとすると「上手いけど下手」「下手だけど上手い」といわれるのは，「どちらが勝れているのか」という問題がでてきます。

〈私が動く〉という運動技能には，情況を読み取る〈カン〉とそれに対してどのように動くかという〈コツ〉が共存しています。そのコツとカンのレベルの差を表現したのが「上手いけど下手な選手」ということです。「ボールを扱うコツのレベルは高いけど，情況を読み取るカンが悪いからゲームでは使えない選手」という意味になります。運動技能の獲得に向かって「よい失敗」「悪い成功」という表現が当たり前のように使われる運動実践場面ですから，指導者はコツやカンを即座に見抜ける専門家でなければなりません。

このような動感質の評価能力を有しているのが，専門家としての体育教師やコーチなのです。ところが「うちの子どもの評価がなぜ低い」というように，「どのようにして，その技能を評価したのか」という説明を求められることがあります。そこでは客観的な説明が求められるようですが，客観的な説明とは，〈能力可能性〉が問われない誰にでもわかる説明です。目に見える運動の図形変化を客観的な評価の視点として説明すれば，その裏に隠れているコツやカンの能力可能性の評価は消えてしまいます。指導者が運動を評価する能力可能性とは，「わかる人にはわかるし，わからない人にはわからない」ということになりますから，それを客観的に説明することは意味発生の本質必然性と矛盾することになります。

古美術の鑑定士は，作品の時代を読み取り真贋を見抜く能力を持っていますが，その評価が「客観的に説明できないから間違いだ」という人はいません。そもそも，そのような厳しい訓練を経て能力を授かった人が鑑定しているのですから，素人にはわからないのは当たり前です。体育教師も体系的な訓練を経て，自己運動の動感質の意味発生を評価できる能力を持っているから，素人にはわからないのは当たり前のことです。それを客観的に説明ができないと「いい加減な評価」といわれてしまう体育・スポーツの世界の科学的思考はいつ解消するのでしょうか。

§ 37　心身二元論の呪縛は解けない

ボディービルディングの選手は非常に筋力が発達し，外から見ても筋肉の一つひとつがわかるから，まるで生きた解剖学の教科書のようです。ところが，そのような身体条件を有していても，スポーツが得意とはいえません。世の中には〈金槌〉と呼ばれ泳げない人がいますが，園児でも泳げますから，その体力が園児に劣るとは誰も考えません。他のスポーツは何でもこなすような器用な人でも，泳ぐのだけが苦手な人もいます。物質的な身体条件に問題がない，このような事例は「技能の習得と体力条件」の因果関係を否定します。指導者の中には，走るのが遅く苦手な人に一言のアドバイスをして，あっというまに記録を伸ばす名コーチと呼ばれる人もいます。一言のアドバイスで運動の問題が改善されることがありますから，〈体力条件を整える〉ことと〈動きかたを覚える〉ことは異質な次元にあります。

〈金槌〉と呼ばれる泳げない人は，日常生活を不自由なく生活をしているのですから，「泳ぐために必要な生理学的身体条件の不足」が原因とは考えられません。すると「体は問題ない」のであれば〈心〉に原因があると考える二元論的思考が顔をのぞかせます。「水への恐怖心」を原因として，それを取り除いたところで，〈水に浮くコツ〉を教えてもらえなければ沈んでしまいます。〈水に浮く〉〈泳ぐ〉という技能を持たない人の〈水への恐怖心〉だけを取り除いて，水に飛び込ませて「努力して泳ぎなさい」と突き放したら，どのような結果になるでしょうか。

〈身体〉は〈体〉と〈身〉に分けられ，〈体〉は物質・物体としての身体を意味し，〈身〉は〈動きかた〉の中身という身体能力と解しても，精神としての〈心〉を意味する〈心身二元論〉は私たちに根強く残っているのです。生理学的身体条件としての〈体〉に問題がなければ，あとは〈心〉の問題として技能が獲得できるのであれば苦労しません。大人になっても縄跳びで〈二重跳び〉ができない人がいます。一回旋ができるのであれば，「空中で二回縄を回せばよい」という思考で埋め尽くされます。そう考えて「二回手を回す」と念じるだけではできません。実際は〈手の動かしかた〉〈タイミング〉など，どこに問題があるかを探りながら，具体的に試行錯誤を繰り返します。その結果，偶然に〈まぐれ〉に遭遇し，〈できた〉という新しい技能に出会うことになります。

〈まぐれ〉で二重跳びができた後，その「成功回数をどのように増やしていくか」というときに，再び〈心〉の問題が顔をのぞかせます。〈まぐれ〉とはいえ〈できた〉という自分がいることを確信すると，今度はできない理由が〈心〉の問題へと移っていきます。できない理由を〈動きかた〉に求め〈できた〉のですから，本当はその後の失敗も〈動きかた〉に原因があるはずです。「私はできた」「なぜ」「どのようにして」と自分の経験を分析すればよいのですが，「おちついて」「自分はできる」と念じるだけの練習に向かう人は少なくありません。それでもできるようになるから，〈言葉がけ〉と〈運動の成功〉とが因果関係を結び，「どんな言葉をかけたらできるのか」かを本気で考えるようになってしまいます。励ましの言葉をかけただけで運動ができるのであれば，誰も苦労しません。私たちが運動を覚える主観身体の奇妙な深層世界は解明されないままに放置されているのです。

§ 38　技能習得の受動発生に注目する

科学の進歩は私たちの生活を便利に豊かにしてくれます。家庭に固定電話があり，街に公衆電話ボックスが並んでいた時代から，現代では携帯電話を個人が持つようになりました。インターネットの普及で携帯電話やパソコンは生活の必需品となっています。それらを使いこなすためには，キーボードの操作を覚えなければなりません。誰でもキーの文字を見て入力することはできますが，効率よく作業を進めるには，ブラインドタッチを覚える必要があります。

最初にキーボードの操作を覚えるときは，キーボードを見て文字を確認してからキーを押します。その後ブラインドタッチを覚えるときは，まずキーボードの文字配列を覚え，キーを押す指の使い方を覚えることになります。画面を見ながら「多分これかな」と思いキーを打ち，出力された文字が間違えていたら，キーボードを見て確認します。このような繰り返しをしているうちに，やがてキーボードを見ない〈ブラインドタッチ〉を覚えることになります。

〈ブラインドタッチの指の操作〉という〈動きかた〉の習得過程では，最初は指の使い方に〈意識的な注意〉を向けて欠点を自覚し修正します。その繰り返しから，やがてそれは意識されない〈動きかた〉となり，自由自在に文字を打てるようになります。自分の〈意識的な注意〉による反省によって正しい指の使い方が決められ，それを繰り返すことによって文字を見ただけで指が動く〈受動志向性〉の動きになっていきます。さらに熟練すると，文字を見れば無意識に指が動き，〈打ち間違えた〉と自覚する〈反省以前に〉指が止まることもあります。

このような日常生活を過ごしている私たちは，「意識的に注意を向け，身体に命令する」ことで新しい運動が覚えられると理解します。しかし，〈無意識の反復〉によっても運動を覚える現実があることを見逃してはいけません。園児がはじめて〈まりつき〉を覚えるときは，誰かの〈まりつき〉を真似てボールをつくことから始めます。ボールが地面から跳ねる方向や高さが読めないので，最初の１回だけボールがつけても，続けてボールをつくことができません。このような練習を繰り返しているうちに，やがて何回かボールがつけるようになります。この〈まりつき〉という新しい運動技能の習得は，キーボードの押し間違いに気づいて「意識的に反省して覚える」という動きかたの習得とは少し様子が違います。〈まりつき〉を覚えた園児に「どうやったらできたの」と尋ねても，「たくさん練習したから覚えた」としか答えません。ただ上手くできないことに不満を持つ感情はあっても，言語的思考によって運動を修正するレベルにいません。そのような幼児でも運動を覚えるという現実を捉えると，大人が意識的な注意を向けて運動を覚えるという以前に，運動を覚える受動発生世界があることが見えてきます。

ブラインドタッチを覚えた大人が，「キーの配列と指の操作の間違いに気づき反省して覚えてきた」と答え，言語的思考もままならない園児は「たくさん練習したからできた」といいます。大人になってからでも，「何となく繰り返しているうちにできるようになった」という経験もありますから，私たちが動きかたを覚えるには，「無意識による運動感覚の〈構成〉」と「意識的な運動感覚の〈構成〉」という二つの様相が示されることになります。

言葉もまだ理解できない幼児に新しい動きかたを教える場合，幼児がその運動を見て真似をするという素朴な運動伝承形態が存在します。幼児は失敗や成功を繰り返しながら新しい運動を覚えるのですが，これは動物における行動伝承の世界にきわめて近いものです[*87]。生命を授かった人間の初期段階は，ほぼ動物としての運動習得レベルと同等と考えてもよいでしょう。ただ，私たちは高等動物として言語を所有する人間に成長しますから，他の動物とは違い，他人に運動を伝えることができます。長い歴史の中でその人間の技能を連綿と承け継いだから，私たちの運動は文化として現在にも息づいています。新しい動きかたを身につけるのは，何も人間だけに限られたものではありません。

猿回しのサルは，自然環境で育っていれば，あのような芸を身につけられませんから，調教師という人間によって訓練されたことになります。芸を覚えたサルが，自ら調教師になり代わって他のサルに芸を教えることはありません。サルが「もっと上手に」と自分の技能を磨くために努力することもあ

*87 金子明友（2002）：『わざの伝承』 明和出版 51･356 頁

りませんから，人間が運動を覚えることは他の動物と決定的な違いがあります。蛇足ですが〈動物の調教〉は虐待して芸を覚えさせるものではありません。「調教師の思いをどのように動物に伝えるのか」と考えたとき，言葉が通じない動物に芸を教える努力と工夫は，私たちの想像を超えます。

私たちが〈成果主義〉という思考に呑み込まれていくと，「できればよい」という結果だけに関心が向き，技能習得のプロセスの〈手段〉と〈方法〉の区別もつけられなくなってきます。冷静な判断を失った成果主義は，人間として「どんな意識的な経験を積んで運動を覚えてきたか」という発生地平には無関心になり，叱責を浴びせたり，蹴飛ばしても「できる」ことは同じと考えてしまいます。この低次元の運動習得の現実も同じ〈できる〉と考えるから，一つの成果を出す手段としての〈体罰〉も顔をのぞかせることになります。「火事場の馬鹿力」のように，危機に直面したときに，私たちは普段では考えられないような力を出すことがあります。仮にそのような力を期待して体罰が行われるのであれば，他のやりかたで同様な力を出す方法を見つけなければなりません。社会が成果主義にのめり込み，体罰に代わるよい指導法を検討しないのであれば，体罰そのものの撲滅は難しいといえます。

第IV章

身体運動の意味発生を探る

§ 39 自己運動は直接経験となる

運動を観察することは一般的に視覚を通して行われます。飛行機が飛んでいることや駅のホームに電車が入ってくることがわかるのは，私たちは〈運動を見る〉からです。向こうから来る友達を見て〈歩いている〉というのも，友達の歩行運動を見たからに他なりません。ところが「自分が動いた」というときは，視覚を通しての運動観察とはいえません。自分が歩いている姿は，自分では見えませんから，「自分は駅まで歩いてきた」というとき，それはどのような根拠に基づいて発言するのでしょうか。〈逆立ち〉をしているとき本人が見えるのは，自分の両手と支持面です。それにもかかわらず，「膝が曲がっていた」「身体が反っていた」という本人は，何を根拠に語ったのでしょうか。

少なくとも「自分の運動について語る」という私たちの営みは，対象物を目で観察し，それについて語るということとは様子が違います。いわば，自分の運動について語ろうとすると，視覚を通して見える世界では語り尽くせないのです。それでも限られた視界だけで「自分の運動を観察してる」といえるのでしょうか。たとえば「私は歩いてきた」と語るとき，「誰かの歩行を観察するような仕方で自分の運動を観察した」のではありません。まさに自分が〈動いた感じ〉を頼りに「歩いてきた」と語るしかありません。

私たちは日ごろから〈客観的〉という思考過程に慣れていますから，この〈直接経験〉されている世界へと還元することには苦労を要します。しかしどう考えても，「自分が歩いてきた」ということを自分で証明するのは〈主観的〉な判断しかありません。〈主観〉とはいい加減なもので怪しいものだといわれても，これ以外に自分の歩行を説明できませんから，疑うことのできない〈絶対主観性〉を認めざるをえません。

私たちが対象物であれ，そこに〈運動〉を認めるとき，「それが動いた」ということは，主観身体を起点にしていることになります。「ここからそこへ動いた」という〈運動〉は，起点から終点という〈あいだ〉を意味します。起点と終点が同一であれば〈あいだ〉が成立しませんから〈静止〉となります。一つのものが時間経過とともに別の場所に移動したことで〈運動〉が成立するわけです。終点を現在の瞬間と考えれば，起点は過去となります。過去と現在の〈あいだ〉を見て〈運動〉と呼ぶのですから，それを認識している私たちの主観身体は，起点と終点を同一の〈時間流〉の中に居ることになります。たとえば，「授業が始まってから何分経った」と聞かれて時計を見たとき，時計は現在の時刻しか示していません。ところが，それを「10分経った」というとき，そこでは授業が始まる時刻の時計と，現在の時計を重ね合わせた〈あいだの10分〉を見ているのです。現在と過去を私の意識流に重ねてしまうことは，〈現在〉〈過去〉〈未来〉と分ける物理時間の概念を破ってしまうことになります。このような私たちの意識における時間感覚は，けっして物理時間で構成されているわけではありません。

私たちが客観的と呼ぶことは，この〈直接経験〉*88という，認識する主観が出発点となっている向こう側の世界を指すことになります。「私が動いたことについて語る」ことはスポーツ実践場面では日常的なことです。「今の動きは悪かった」「タイミングが早かった」と自分の運動について語り，それを反省して運動問題を改善します。その判断の根拠になるのは「自分が動いた感じ」という，自分に直接与えられた感覚質経験としての〈絶対主観性〉に他なりません。その私たちの動きの感覚で捉える運動は，客観的には運動が生じていない情況でも，「動いている」ことがあります。剣道の達人と試合をするとき，「打ち込もう」と思ったところで，すぐに「打たれる」という動感意識が生じます。他人から見れば膠着状態のように見えても，打ち込む相手は何度も「打ち込もう」という〈動感運動が発生している〉のですが，外部視点から対象分析すれば，それは〈静止〉であり〈移動が起こっていない〉のです。このような問題を解明しようとすれば，それは外部視点からの対象分析を拒否しますから，自然科学的な運動分析を放棄せざるをえないのです。

§ 40　意識時間の存在論を問う

私たちは，小さいころから時間を〈現在〉を中心に〈未来〉〈過去〉と教わってきました。未来はまだこれから起こることで存在しないし，過去は過

*88 谷徹（2000）:『意識の自然　現象学の可能性を拓く』 勁草書房　37頁

ぎ去ったことで，もう存在していません。〈現在はいつか〉という問題を考えれば，時計の針が現在を指すように，〈今この瞬間〉が現在であることに気づきますが，それは幾何学上でいう〈点〉という抽象的な認識になります。

このような時間問題は昔から多くの問題を投げかけてきました。ニュートンは時間を〈感覚〉から解放するという意味で「絶対的で，真の，数学的な時間」を唱えたわけです[*89]。それが，今私たちが時計を中心に考える〈絶対時間〉ということになります。つまり〈感覚的〉に捉える時間ではなく，誰しもに共通の尺度となる客観性を保つ時間を作り上げたわけです。それが，私たちが小学生のときに習った時計の読み方から始まり，速度の計算となっていくわけです。この絶対時間を作り出すときに〈感覚〉から解放せざるをえないのは，感覚的な時間に多くの矛盾が生じていたからです。ある人の感覚では，その時間を〈長い〉と感じ，ある人は〈短い〉というようでは，本当はどうなのかという疑問が生じます。それで〈真の時間〉はどうなのかということから，感覚に左右されない客観時間を作り上げたことになります。この絶対時間を示す経緯から考えれば，人の感覚で捉える時間には個人差があることがうかがい知れます。

私たちは〈科学的思考〉に慣れていますから，〈絶対時間〉が正しい基準で，私たちの意識時間は間違いだと思ってしまいます。でも，待ち合わせ時間が過ぎているのに来ない友達を待つときは，その意識時間は本当に速く過ぎていきます。「もう相当待ったな」と思って時計を見てもまだ数分しか経っていないという事態は誰でも経験していることと思います。「何時になれば仕事が終わり」というとき，「早く仕事を終えて帰りたい」人は，何度も時計を見ても針がゆっくり進んでいるような気がしてしまいます。逆に仕事に没頭している人は，気づいたときには仕事の終わりの時間が来ていることもあります。このように私たちが感じる〈意識時間〉は物理時間のように無機質に一定の時を刻むものではありません。それが「主観的で間違いだ」といっても，スポーツ場面ではこの「主観的な時間を読み取ること」が重要な場面が数多くあります。

バスケットボールの試合で，負けているチームに残された物理時間が５分

---

*89 滝浦静夫（1976）：『時間－その哲学的考察－』 岩波新書 22 頁

とすると，監督は「時間はまだある，落ち着いて」と声をかけます。一方で，勝っているチームの監督は「気を抜くな，集中しろ」と声をかけます。同じ 5 分でもずいぶん指示が異なりますが，それはゲームをしている選手の感覚的に流れる〈内在時間〉を監督が捉えているからに他なりません。ゲーム中の選手の交代も，「何分になったら交代する」という物理時間で計算されているものではありません。選手の動きから「疲れている」「どうもカンが冴えていない」と監督は選手の中で生じている意識時間の乱れを見抜いて指示を出すことになります。その選手の感覚質が捉えられない監督は，試合後に「あの場面で交代させないだめな監督」といわれて烙印を押されてしまいます。

§ 41　運動感覚は生理学的概念と異なる

〈動く感じ〉としての〈運動感覚（キネステーゼ）〉は，生理学的な意味での「運動感覚」と混同される傾向があります。発生論的運動学では，生理学的な意味での「運動感覚」と混同しないように「キネステーゼ」または「動感」と呼んでいます。それは現象学者フッサールの造語によるものです。〈キネーシス（kinesis＝運動)〉と〈アイステーシス（aisthesis= 感覚)〉を意味するギリシア語の合成語をドイツ語化して〈Kinästhese（キネステーゼ)〉としたものです。日本語に直訳すると「運動感覚」ですが，関節・筋・腱の動きに関連する自己受容器によって引き起こされる，生理学的意味の運動感覚と区別がつきにくいので，そのまま「キネステーゼ」と呼ぶのが一般的です。ここでは「キネステーゼ」を〈動く感覚質〉の意味で，〈動感〉あるいは〈動く感じ〉と呼ぶことになります [*90]。

一般に生理学的な意味での「運動感覚」とは「筋・腱（けん）・関節にある受容器が捉え，自分の姿勢・位置の判断などに重要な働きをする」感覚を意味しています。そこでは，私たちの持っているあらゆる感覚がセンサーとなり，ニューロンを介して情報が脳に集められることになります。その一つのセンサーが〈運動感覚〉と理解するのが〈生理学的運動感覚〉です。ですから，膝の曲がりに「気づかない」ことは〈運動感覚〉の問題ではなく，その情報を判断する脳の問題と結論づけることになります。〈感覚〉と〈知覚〉を〈物

---

*90 金子明友（2015)：『運動感覚の深層』　明和出版　3 頁

理的出来事〉として区別をしていけば，感覚されることそのものは「まだ意味を持たない刺激」と理解されます。「感覚とはいっさいの性質づけられた内容の手前にこそ求められるべきだ」[*91]とすると，それぞれの感覚が協応することはありえません。

「リンゴ」は視覚や嗅覚などいろいろな感覚によって知覚されますが，まだ赤と判断する前の感覚や，甘い香りと判断する前の感覚を〈感覚〉と定義づければ，その〈感覚情報〉を集めて判断するのは脳であり，脳内でその情報が知覚されると説明されます。たしかに〈甘い香り〉という，味覚と嗅覚が一つになった感覚はありませんから，その協働作業は脳で生じると考えるのは至極当然です。同様に「生理学的運動感覚」もこのように理解すれば，自分の姿勢や位置が判断される以前の情報しか与えられないことになります。感覚というセンサー情報が脳に集められ知覚されると考えるから，「気づかない」という問題は，感覚情報は間違っていないのに脳に問題があることになります。当然後から「気づく」という事態は，「感覚情報は間違っていなかった」ことを実証していると考え，感覚情報によって知覚が成立するという因果関係が成立していると考えます。

ところが，身体に局所づけられた感覚の働きは〈見る〉〈聞く〉〈触る〉〈歩く〉といった身体運動と一体になっているだけでなく，同時に，身体運動に独自の受動的な非主題的な自己意識が働いているのです[*92]。私が歩くという行為を確信することは，私が私の歩行感覚を対象化しているのではありません。それは〈歩く〉という感覚を引き起こす，自ら発した運動である運動意識によるものです[*93]。「動感（キネステーゼ）」というものは，感覚であると同時に，感覚を引き起こす運動の意識でもあり，私たち自身によって生みだされる運動としての意識なのです[*94]。「水が重い，軽い」といわれる感覚は，私が直接経験した〈動感（キネステーゼ）〉の意識なのです。スポーツ実践場面で，直接経験される「絶対主観」の中で捉えられる「動く感じ」がキネステーゼなのです。

---

*91 メルロー＝ポンティー／竹内芳郎・小木貞孝（1970）：『知覚の現象学Ⅰ』　みすず書房　29 頁以降

*92 河本英夫・佐藤康邦編（1999）：『感覚［世界の境界線］』　白菁社　14 頁

*93 L. ラントグレーベ／山崎庸佑他訳（1980）：『現象学の道　根源的経験の問題』　木鐸社　188 頁

*94 L. ラントグレーベ／山崎庸佑他訳（1980）：同上書　188 頁

§ 42　予測できない結果を先取りする

車の行き交う道路を渡ることができる私たちの営みを，ロボットに再現させようとします。すると，遠くに見える車を捉えるセンサーによって，車の速度が求められ，横断歩道のところまでの車の到達時間が計算されることになります。その計算結果は「何秒後に車が来る」ことを決定づけますから，ロボットが横断歩道を渡る速度が導き出されます。そのことにより，横断歩道を渡ることが可能なロボットが完成します。このように原因と結果という因果関係は，〈予測〉という世界にまで及ぶことになります。

ところがこの〈予測〉には，計算する人が勝手に作り出したある法則が隠れています。この場合，それは車が「一定の速度で走る」という前提です。速度が不変であるから到達時間が予測できるのであって，センサーで捉えた車が，後に急にスピードを上げてしまえば，ロボットは車に衝突してしまいます。たとい，「何度繰り返して実験しても一定の速度で走る」という結果があっても，未来に本当にそれが再現されるかは決定されていません。まして，運転しているのは人間ですから，速度が一定という前提を維持したいならば，運転者に一定の速度で走ることを約束してもらわなければなりません。その約束を破り，車のスピードを上げてロボットに衝突すると〈想定外〉と語ることになるのでしょうか。「原因は過去にあり,現在に結果が出る」という因果決定論の常識を，「未来に原因があり，現在に結果が出る」といえば非常識といわれてしまいます。ところが,この〈予測〉は〈未来の原因〉を作り出し，〈現在に結果を求める〉ということになります。客観的な原因が存在しているのではなく，原因を作り出していることに違和感を持たないほど私たちは科学的思考に慣らされています。

私たちは横断歩道を渡ることを，いとも簡単に行います。遠くに見える車を見て，何も考えることなく道路を渡ることができます。何台も車が行き交う道路でも，その隙間を見て走って渡ることもできます。それは「渡ることができる」という自分の決断によって，実際に道路を渡ることになります。

ヴァイツゼッカーは，私の運動を方向づける法則的な〈原因〉はまだ全然生じておらず，未来のことであると指摘し，「運動を規定する原因はまだ生じていない」と断言します[*95]。だから，私たちの運動行為はつねに「結果の先取り」[*96]が生じているというのです。

それは生命的身体で感じとられる〈動感意識〉によって構成されることになります。私が道路を渡る決断は，自分の情態感も含めて営まれますから，足が痛い，疲れているという情態感は，私が道路を渡る〈動感システム〉をいつもと異なるものとします。その場合，いつもより遠くに車がいないと「渡れる気がしない」という意識が自覚されることになります。跳び箱の助走では，「足が合わない」という自覚が生じますが，それは「足が合う」という動感がすでに自分の中で〈先構成〉されているからです。そうでなければ，跳び箱の前まで走って「足が合わなかった」という現実に直面するはずです。つまり〈結果の先取り〉として，「足が合う」という動感意識がすでに〈先構成〉されているから，私が走る決断をしたことになります。

§ 43　動感意識は未来を先取りする

スポーツ実践場面では，感覚→知覚→運動という順序が成立しない事例にあふれています。ダンスや女子体操競技のゆか運動などは，曲に合わせて動くことが求められます。聴覚から音の情報が脳に伝わり，それを脳が知覚し，動くことを命令しているという順序であれば，「音を聞いた後で動く」ことになります。つまり「曲と動きが一致する」ことは「曲を聴いていない」ことになります。後・先の順序があれば，同時性の前提に矛盾することになり，私たちの実存の運動の説明がつかなくなります。ヴァイツゼッカーは，「先(プリウス)も後(ポステリウス)もない閉じられた円環」として，有機体の運動形態の発生を「ゲシュタルトクライス」と呼びました[*97]。自己運動の発生は，外的刺激と固有の志向性の両者に依存しており，一つの統一された全体の，〈ゲシュタルトクライス〉という構造をなしていて，これこそ生物学的運動の本質可能性を定義するものに他ならないと説明しています[*98]。

しかし，リベットのいう「意識は遅れてやってくる」という実験結果は，

*95 ヴァイツゼッカー／木村敏・濱中淑彦訳（1995）：『ゲシュタルトクライス』 みすず書房 223頁
*96 ヴァイツゼッカー／木村敏・濱中淑彦訳（1995）：同上書　226頁
*97 ヴァイツゼッカー／木村敏・濱中淑彦訳（1995）：同上書　221頁
*98 ヴァイツゼッカー／木村敏・濱中淑彦訳（1995）：同上書　316頁

今までの常識を覆し，「気づく→動く」ではなく「動く→気づく」という因果の順序を逆転してしまいました。先も後もない運動発生を物理時間で計測したことによって，物理時間の順序に逆転現象が起こったことになります。現代脳科学ではブレンターノの志向性に注目しつつ，脳内では「今，自分の身体はこのような姿勢をとって，このような運動をしつつある」というような〈身体感覚〉を持つのは，基本的には無意識のうちに起こる志向性の働きが，何らかの必要があってはじめて意識され，〈志向的クオリアとして感じられるケース〉[*99]と説明します。そこでは，志向性は「何かに向けられている心的状態」と理解され，〈感覚的クオリア〉は末端から中枢へ，〈志向的クオリア〉は中枢から末端へと向かうニューロン活動と対応させ，感覚情報を意味づける活動は〈志向的クオリア〉によって行われることになります[*100]。たとえば，カニッツアの三角形という錯視図形の場合は，実際には三つのパックマンが向き合っているだけですが，実際にはない三角形を知覚します。それは，志向的クオリアと感覚的クオリアの間にずれが生じており，感覚クオリアの欠けている実際に見えない三角形を構成する部分を，脳が能動的に志向的クオリアを作り出して補っていると説明します[*101]。たしかにブレンターノの志向性を基柢に据えれば，このような解釈に陥りますが，フッサールが受け継いだのは，「志向性」という言葉にすぎず，その意味内容はまったく異なったものなのです。それは，二つあるいはそれ以上の記述的に互いに異なる作用が〈まったく同一の志向対象を持つ〉という思想です[*102]。

スポーツ実践場面では，「具体的な動きがどのように発生するか」ということが重要であり，自分の〈身体感覚〉が脳科学でいう〈志向的クオリア〉によって感じられたとしても，「どう動くべきか」という未来の結論を導きだす根拠は不明なままです。「今動きつつある自分の運動を理解した」といっても，サッカーゲーム中の仲間へのパスは，「人のいないところにボールを蹴る馬鹿と，ボールのないところに走る馬鹿」という関係としか理解でき

---

*99 茂木健一郎（2005）：『心を生み出す脳のシステム　「私」というミステリー』 NHK ブックス　日本放送出版協会　65 頁
*100 茂木健一郎（2005）：同上書　63-65 頁
*101 茂木健一郎（2005）：同上書　61-62 頁
*102 L. ラントグレーベ／山崎庸佑他訳（1980）：『現象学の道　根源的経験の問題』 木鐸社　13 頁

ません。それが未だ来たらずという〈未来での一致〉を目指し，日々練習することは奇妙な現象なのでしょうか。パスを出す人は，「どのような強さで，どのようなボールを蹴るか」を決断したから「そこに向かってそのように蹴った」ということになります。パスを受ける人も，「どこに，どのようなボールがくるか」を〈先読み〉できるから，まだボールのない場所へと走っていくのです。

ここにおいて，ようやく〈動感発生〉，つまり動感としての〈意味発生〉の問題が主題化されることになります。スポーツ運動学では現象学を基礎に置き，フッサールの〈志向性〉を基軸として内的時間意識において展開される時空系の中で，受動的綜合において〈先構成〉される動感志向性が，運動を決断する始原と捉えることになります。つまり〈キネステーゼ（動感）〉は，生理学的な意味での運動感覚情報を集めた端的な感覚意識ではないのです。内的時間意識の中で，まさに経験直下の動感感覚質を把持につなぎ止めつつ，未来予持の動感志向を構成する働きを持ち，〈今・ここ〉という幅のある現在の中に綜合化される，一つの運動感覚（キネステーゼ）意識なのです。だから，予め自分の動感意識において「どう動くべきか」というものが先構成され，同時に〈今・今…〉と動感が把持につなぎ止められているから，助走で「足が合わない」という〈事態〉に気づくのです。踏切板のところまできて「足が合わなかった」というのではなく，未だ来たらず未来を先読みできるのは，〈最適な助走〉という動感志向性が〈先構成〉されているからに他なりません。走りつつ，その動感意識は〈最適な助走〉と摺り合わせられながら，「足が合わない」という気づきをもたらす一方で，歩幅を変えるという動感感覚質が働くことになります。「運動を覚えた」というとき，私たちが〈動ける〉というのは，「どう動くべきか」という動感意識が予め構成されていることを意味します。さらに〈今・今…〉と流れつつある動感を把持につなぎ止め摺り合わせ，未来を予期する動感を構成できる能力可能性を有していることになります。

§ 44 動感意識の運動方向に混乱が生じる

私たちが〈前〉に歩くときは，顔や胸などが先行する方向を〈前〉と考えます。「前へ進め！」の号令で，身体の前面の方向に全員が歩き出すことは，私たちは〈前〉を共通して理解しているからです。ところが，逆立ちで「前に歩きなさい」と指示すると，立っている人間を逆さにしたときに考える〈前〉と逆の方向，つまり身体の背面を先行させる方向に歩き出します。直立位を逆さにした〈外から見た身体〉で考えれば，〈後ろに歩く〉と考えられますが，逆立ちしている本人には，その方向を〈前〉と直接経験されているのです。

「倒立で前に歩けるようになったよ」と先生の前で見せる生徒に，「それは後ろでしょ」という体育の先生はいません。〈外から見た身体〉として倒立歩行を考えれば，人間が逆さになっているだけですから，〈背面先行〉で歩く方向は〈後ろ〉と理解されます。ところが体育教師は〈中から感じる身体〉として，生徒の〈直接経験〉に居合わせることができるから，素人と区別される専門家と呼ばれることになります。

目の下で人差し指を天井に向けて〈右回り［時計の針の回る方向］〉に動かします。そのまま自分の指を回しながら上に挙げていきます。指は自分の目の前を通り過ぎ，やがて天井に右回りを描くことになるのですが，自分の指は同じ方向に回し続けているにもかかわらず，天井に描いている自分の人差し指の方向を眺めると，それはいつの間にか〈左回り［時計の針と反対回り］〉に変わっています。今度は人差し指で右回りを描くのですが，先ほどとは違い〈人差し指を下に向けて〉目の下で右回りを描きます。そのまま新体操のリボンを回すように指先を回しながら，自分の前を通り過ぎて指を上に挙げていくと，天井に描いた自分の指は，先ほどとは違って方向の逆転はありません。どちらの場合も，自分の人差し指の動かしかたは変えていないのに，方向が逆転する現実があります。

一方，外から眺めている人は，人差し指を〈天井に向けて〉動かしている指の方向は，まったく同じ方向に動いて見えるのですが，指を回している本人が「逆になった」ということに不思議さを感じます。逆に，新体操のリボンを回すように〈人差し指を下に向けて〉動かして，上に挙げていくときは，本人の意識では方向の逆転はないのですが，外から見ている人たちには「指の回しかたが逆になった」というように，方向が逆に見えます。

トイレットペーパーは紙が出しやすいように横向きに置いてあります。そのトイレットペーパーはどちらかに巻いてあるはずですが，それが右巻きなのか左巻きなのかを決めるのはそう簡単ではありません。トイレットペーパーを，「右から見れば左巻き」「左から見れば右巻き」という不思議なことが起こります。トイレットペーパーはどちらか一方にしか巻かれていないので「左右巻き」という答えはありません。

このような，私たちの運動方向を捉える意識は，〈上〉と〈前〉を規定し〈左〉〈右〉が決定されるという原理に基づくことになります[*103]。倒立は外部視点から見れば，人間が逆さになっていますが，動感感覚では立位と同様で〈上〉と〈前〉は逆さになっていないのです。トイレットペーパーの巻き方は，どこが〈上〉で〈前〉かを規定した上で，〈左右の方向〉が決まることになります。見る方向が変わると，この〈上〉と〈前〉を私の意識の中で勝手に変えてしまうから，方向が逆転する意識が生じるのです。

§ 45 客観性とは何だろうか

私たちは〈主観的〉というのは，「個人の勝手な思い込み」と考え，〈客観的〉といえば「誰しもが納得できる正しいこと」のように考えます。マッハの〈左目から見た光景〉というイラストは，左目から見た向こう側の景色を描いているのですが，私たちが客観的というときは，この私から〈向こう側での出来事〉を意味します。〈向こう側の対象〉は誰もが認識できる対象ですから，誰しもに共通する客観的な出来事と理解します。〈富士山が見える〉というのは，そこに〈富士山がある〉から見えるのであって，富士山は実在していると認識します。ところが〈富士山がある〉という，私の認識主観はどのように構成されているのかを考えたとき，〈向こう側〉を捉える私の意識が主題化されることになります。

湖の畔から遠くの山を見て〈富士山〉と判断するとき，まず最初に〈私の直接経験〉は向こう側にあるまだ匿名で景色ともいえない実在を認めることから始まります。その後，〈それ〉が山であり，〈その山〉は〈富士山〉であるという述定に至ることになります。「私はなぜ富士山と語ったのか」を，〈遡って［還元して］〉自分の認識を掘り下げていくと，「そこに山があり，それ

*103 金子明友（1964）：“体操術語における運動方向に関する研究” 東京教育大学体育学部紀要 第4巻 127頁以降

が富士山に見えた」ということになります。さらに「なぜそれを山と認識したのか」ということを〈還元〉すると，そもそも「向こう側に何かがある」という意識を持っていなければ，「山も富士山も自分にとっては認識できない」という結論に至ります。「目を閉じれば消えてしまう外界の事物」は，「私が認識している限りで存在している」と考えて「本当は存在していない」といえば，自分一人の結論という〈独我論〉に陥ってしまいます。

そうではなくて，「向こう側に山があるから見えている」のであって，「目を閉じて見えなくても山はある」と考えるのが一般的です。だから，人間の目の仕組みは〈カメラ〉と同じで，「網膜に像を結ぶから見える」という〈写真機モデル〉の認識に至ります。ところが，「内なる像は誰が見るのか」ということを問題にすると〈内なる小人〉を実在させなければなりません。「写真機モデルは一種の比喩だ」と逃げを打っても，それを説明できませんから〈写真的知覚観〉は破綻することになります[*104]。日常的な出来事として，「目の前にいる友達に気づかない」という事態がある限り，「写っているから見える」という説明は腑に落ちません。また，開眼手術前に触って区別できている四角や丸でも，術後視力を得ても最初は視覚による四角や丸は認識できません[*105]。

「山があるから見えるのだ」といってもその対象を〈山〉と認識しているのは自分であって，まだ〈山〉も知らない人にとっては何と答えるのでしょうか。そのように考えると「それは山である」という知識を得る段階がそれ以前にあることがわかってきます。つまり〈それ〉という〈もの〉としての主語の認識があって，それに対して述語的な意味で「山である」という〈こと〉になります。この述語を失ってしまえば，私たちが通常〈客観的〉というレベルで「ものについて語る」ことはできなくなります。当然，主語がなければ述語の意味もありませんから，この主語と述語の関係は，相互に不可分な出来事となります。対象を認識する私の意識は，こうして主語と述語という二重の意識において構成されることになります。私たちが〈客観的〉という場合，このような〈直接経験〉が出発点となります[*106]。私たちが向こう側

---

*104 廣松渉（1988）：『哲学入門一歩前　モノからコトへ』 講談社現代新書　58-65 頁

*105 M. フォン・ゼンデン／鳥居修晃・望月登志子訳（2009）：現代基礎心理学選書　第二巻『視覚発生論』 共同出版　128 頁

の対象を〈客観的と認識する〉のは，〈主観〉によって構成された〈私の意識〉なのですから，私たちにとって「主観のない客観はない」のです。

われわれに対象が共通に認識されていることを証明しようと，〈それ〉について語るわれわれの述語言表を集め，皆が〈富士山〉と答えると，富士山が客観的にそこにあると考えます。ところが，それがどのように見えていて，どうしてそれを〈富士山〉と語ったのかと考えていけば，〈富士山〉という言表の信頼性は怪しくなります。「同じ言葉を語るけど，本当に同じ物が見えているのか」という意識の核心に触れようとしたとき，それは自然科学的分析を拒否することになります。

スポーツ実践場面で，運動を習得しようとするとき，「できる」「できる気がしない」「できそうな気がする」という動感意識が芽生えてきます。「何に向かって，なぜそのような意識が発生したのか」の解明は重要な問題です。というのも，「できる気がしない」ということは〈動けない〉と絡み，動感運動の発生可能性を遮断する問題が生じるからです。だから，実践場面で見過ごすことができない，このような動感発生問題を解明する「発生論的運動学」という理論体系は，自然科学的分析を拒否することになるのです。

§ 46 〈気づく〉とはどんな現象か

〈判じ絵〉は奇妙な対象として存在し，その絵は私たちの意識に〈一枚の絵〉として認識されます。ところが，その見方を変えると，〈別の一枚の絵〉が現れてきます。対象としての「一枚の絵」が「二つの異なる絵となる」というのは，どのように理解されるのでしょうか。〈二つの別の絵〉ならば，対象として2枚の絵がそこに実在しないとおかしいはずです。「一枚の絵が二つの絵である」という論理矛盾は，私たちが対象を認識する問題だからです。「老婆と若い女性」というよく知られた〈判じ絵〉を見たとき，誰の目にもその判じ絵は「目に映っている」はずですから，そこに「一枚の絵がある」という対象が認識されることになります。「何が見えますか」と尋ねると「若い女性が見える」と答える人がいます。「老婆は見えませんか」と尋ねても「それは見えない」と答える人の目には，いったい何が映っていたのでしょうか。

*106 谷徹（2000）：『意識の自然　現象学の可能性を拓く』 勁草書房　37 頁

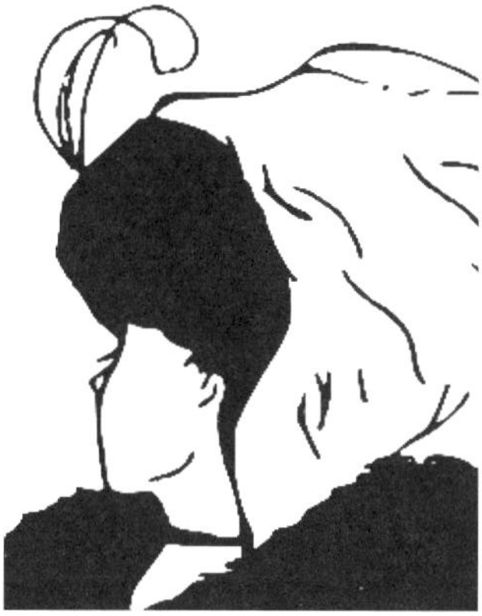

顔だけ見ると少女だが,
首のレースに目を移すと…

逆に「老婆は見えるけど若い女性は見えない」という人もいますし,「両方見える」という人もいますからやっかいです。

〈見える〉ということは対象物が向こうにあって,それを認識する自分がいて,対象物から発した刺激は,目の光学的仕組みを経て神経生理学的過程を通って私たちに認識されると理解されるのが一般的です[*107]。だから,人間の目はカメラと同じ仕組みになっていると説明されます。たしかにそのような仕組みだから,水晶体というレンズの調整機能の不具合はメガネをかけることによって解消されます。目という仕組みを物質身体の生理学的機能として考えれば正しいことです。ところが,それは〈目の光学的仕組み〉の説明であって,私たちが〈見える〉ということとは別の次元で語られているのです。〈見える〉ことが光学的な仕組みだけで説明されるのであれば,私たちは目に映っているものすべてが見えることになります。「目をつぶれば何も見えないし,目を開ければすべてが見える」からそれは当然のことだと考えますが,ボーッとしていて友達が目の前で手を振っても,気づかないことがあります。摘出眼を薬品処理するとたしかに網膜に像が映っているのですから,目の仕組みからいえば友達の手は網膜に映っていることになります[*108]。しかし,自分にはたしかに見えていなかったのです。

〈判じ絵〉はそのような意味で,全員の目に映っているはずですが,見える人と見えない人がいるから不思議です。「老婆が見えない」といっている人に「老婆が見える」人が,「ここが鼻でここが目で……」等と説明していくうちに「見えた」ということが起こります。今まで見えなかったことが解決したのですが,それは生理学的意味での「目」の機能が改善されたことではありません。それを「気づいた」という言葉で私たちは表現します。

〈気づく〉という現実から,対象物が自分の目に「映っているから見える」

*107 廣松渉(1988):『哲学入門一歩前　モノからコトへ』 講談社現代新書　59 頁
*108 廣松渉(1988):同上書　62 頁以降

のではなく，私がそれを「見ようとするから見える」ことになります。ところが，見ようとする努力を重ねても〈判じ絵が見えない〉場合がありますが，その努力によって「気づいて，見えるようになる」から，私たちの〈気づく〉意識は不思議な出来事なのです。このような対象を認識する私たちの意識は，〈志向性〉という「或るものへの意識」という性格を持つことになります [*109]。それは，「志を向ける」という〈志向性〉という私から発する意識によって，それが何であるかという対象が認識されるというのです。「そこに判じ絵がある」ということを実存させている対象認識には，〈それ〉という主語的な志向作用と，〈何であるか〉という述語的な志向作用という二つの側面を持つことになります。それは表裏一体の一つの意識としての志向性の側面を現しているものです。だから〈対象のない意味〉もないし〈意味のない対象〉もないのです。この述語的意味の志向作用が〈老婆〉や〈若い女性〉を際立たせることになり，〈若い女性〉が見えない人は，自分からそれを捉える志向性に問題があるわけです。ところが，「老婆の鼻のあたりが若い女性のあごで，鼻筋のところが横顔の頬で横を向いている若い女性」など指さしながら説明をされると，今まで見えなかった〈若い女性〉が見えるようになります。

「見えていたのに見えなかった」ということは，「それは何であるか」という私の述語的意味の志向性が〈空虚〉だったと説明されます。〈空虚〉とは「規定可能な未規定性」を意味し，たとい〈空虚〉であっても予描された〈空虚な志向性〉は，未規定なものをより詳しく規定する営みを持つことになります [*110]。私たちの志向性は根本的性格を持っていて，「それは何であるか」という空虚な志向性により予描することで，何も知らされずに判じ絵を見た人でもやがて〈老婆〉や〈若い女性〉が見えてくる本質可能性を持っているのです。

§ 47 動感志向性の働きに注目する

私たちは無数の事物に囲まれて生きていて，言語を持たない動物たちも同

---

*109 エドムント・フッサール／渡辺二郎訳（1984）：『イデーンⅠ-Ⅱ』 みすず書房 103頁以降

*110 エドムント・フッサール／山口一郎・田村京子訳（1997）：『受動的綜合の分析』 国文社 17頁

様に同じ事物に囲まれて生きています。景色を見ている窓ガラスにハエがぶつかっているという光景を見ている私たちも，〈ハエがぶつかっている〉窓ガラスも，同じ〈もの〉です。しかし，〈窓ガラス〉と名付けているのは私たち人間であって，ハエにとっては〈窓ガラス〉ではありません。ハエの進路を邪魔している物体を〈窓ガラス〉と呼ぶのは，それが〈窓ガラスというもの〉という〈こと〉を私たちが成立させているのです。つまり,〈窓ガラス〉は，〈もの〉の名前であるよりもまず，それが〈窓ガラスであること〉の符号となります[*111]。私たちは，意識の意味付与の作用的側面という〈ノエシス〉とその作用の対象的側面の〈ノエマ〉という側面を持ちます。意識の志向性は〈ノエシス〉と〈ノエマ〉との両側面を統一態として持ち，それは〈相互に不可分である〉という本質可能性を有しています。〈ノエシス的－ノエマ的〉の区別は〈こと－もの〉の概念と重ね合わせて考えると，〈こと〉は述語で表現することになり，〈もの〉は主語として名指しすることになります。当然向けられた対象は，外的な事物だけに留まらず，私たちの観念的な諸対象も〈もの〉と捉えることができます[*112]。ところが，直接に私の身体で経験される〈動感形態〉は，観念的に切り離されているのではなく，物質的な実在性の上に構築された高次存在の層位にあります。つまり，スポーツ運動学はフッサールの「経験の新しい根本形式によって際立たせられた身体論」[*113]を基礎にして，実存する動感発生の問題を解明するユニークな〈学領域〉なのです。

〈私が歩いたこと〉を私が認識できるのは，他人の歩行を見る仕方とは異なり，私の動感意識の中で捉えたことに他なりません。向こうの山が見えるような場合は,〈もの〉として〈それに向かう志向性〉と,〈こと〉として「それが何であるか」という志向性の〈主語と述語〉の関係の中で「それは山である」ということになります。一方「私が歩いた」という動感意識は，私の「動く感じ」に向かう〈もの〉と〈こと〉の関係で，私の歩行が認識されることになります。内的時間意識の中で，次つぎと過去把持に流れていく私の動感

*111 木村敏（1988）：『あいだ』 弘文堂 156-157 頁
*112 木村敏（2001）：木村敏著作集第一巻『初期自己論・分裂病論』 弘文堂 341･417 頁
*113 エドムント・フッサール／渡辺次郎・千田義光訳（2013）：『イデーンⅢ』 みすず書房 11 頁

感覚に向けて，つなぎ止めようとする志向性という〈主語的態度〉と，それが何であるかという〈述語的態度〉によって，私の歩行という動感意識が成立するのです。この動感志向性によって構成された〈私の歩行〉を〈動感形態〉と呼ぶことになりますが，それは外的事物のような形という認識ではなく，内在経験を認識した〈かたち〉です。だから動感形態は「形なき形（かたち）」[*114]と呼ばれることになります。

私の身体運動による直接経験が「私はそう動いた」という動感意識を生みだしているのです。だから私の歩行は，私に直接経験される動感意識によって構成された〈動感形態〉として捉えられているのです。私がどのように動いたかは，動感意識において捉えられることですから，意識が向けられているのは「私の身体経験」ということになります。それが「実存していない」というのであれば，私の身体に直接経験された世界は空想の世界とでもいうのでしょうか。外部視点から物質的側面としての身体運動，たとえば〈逆上がり〉が確認されても，本人の「逆上がりができた」という身体経験は「実存しない空想だ」というのでしょうか。物質的な実在性の上に構成された高次の存在である〈逆上がり〉の〈動感形態〉が実存するから，私たちは「逆上がりができた」というのです。われわれのそのような動感志向性は，意識の意味付与の作用的側面というノエシスとその作用の対象的側面のノエマという側面を持つことになるのです。こうしてわれわれの意識は〈或るものへの意識〉という〈志向性〉を持ち，「思うこととしてその思われるものを自らのうちにともなっている」[*115]ことが意味されています。「対象によって私が意識される」のではなく，すでに「私の意識が対象を措定する働きを有している」のであり，対象を措定する働きとして〈動感図式〉が実存するのです。

§ 48 動感形態の意味発生に向き合う

「本や机が対象として私の前にある」ということを疑う人はいません。一度目をつぶれば，その対象は私の視界から消えてしまいますから，本や机という対象認識が〈私〉と関わっていることがうかがい知れます。立体である

*114 西田幾多郎／上田閑照編（1987）：西田幾多郎哲学論集Ⅰ『場所・私と汝』 岩波文庫 36頁
*115 フッサール／浜渦辰二訳（2001）：『デカルト的省察』 岩波文庫 69頁

はずの本や机ですが，私にはある一面しかそれを見ることができません。机の後ろに回ってみれば，先ほど見ていた机の前は見えません。自分の位置を変えるたび，そのつど机の一面しか私の目の前に現れません。それでも，それが立体としての机という認識を持つのは，同一のものとして統一的に意識する志向的統一による〈射映原理〉[*116]を通して認識されるからです。私の志向性は〈或るものへの意識〉として，対象を実在的に定立させています。一方で，私の中で「神ジュピター」を表象することもでき，それは表象された対象であり，私の意識の中で神ジュピターの表象作用が行われていることになりますが[*117]，実体として存在する対象ではありません。他方では，数学の論理を考える思弁的思考も，私の意識であることは疑い得ない事実です。「何かについて思考する」というとき，その対象が実在しなくても，それは意識の問題と捉えられます。

さらに，実践的な運動学習場面を思い浮かべたとき，私たちが自分の意識として「自転車に乗れた」「逆上がりができた」という自覚が生まれる現実があります。「自転車に乗れること」「逆上がりができること」という，運動の実存を認めている私の言表の裏には，本や机のように物体としてそこにあるものでもないし，まったく空想的に表象されたものでもありません。

「自転車に乗れた」「逆上がりができた」という〈直接経験〉は，そのつどの動きの感じが，内在時間意識の中で次つぎと過去把持につなぎ止められていきます。〈今・ここ〉の直下の純粋経験と過去把持へつなぎ止められた動きの感じは，〈お互いを呼び覚まし〉［相互覚起］ながら過去把持へとつなぎ止められ，今まさに到来しつつあるものを待ち受ける未来予持の意識の働きを呼び起こします。そこで生き生きと一つのまとまりとして，私たちの〈動きの感じ〉が〈構成〉されることになります。それを〈動感形態〉と呼び，私たちは動く感じをつなぎ止め，一つに綜合化された〈動感図式〉を認識することになります。それは外見的には，本や机のような実在する対象を認識する働きとは異なり，私の動感意識の中に図式化されて実存するのです。

その動感志向形態が，自分が関与する能動地平に浮かび上がるから，「自

---

*116 フッサール／渡辺二郎訳（1986）：『イデーンⅠ－Ⅰ』 みすず書房　187 頁以降
*117 エドムント・フッサール／立松弘孝・松井良和共訳（2002）：『論理学研究　3』 みすず書房　170 頁

転車に乗れた」「逆上がりができた」と自覚し，言表することができるのです。わが身にありありと動感図式が構成されるから，その動感形態に名称を記すことができるのです。〈スキップ〉と〈ケンケン〉の違いは，動感形態としての私の志向性の区別であり，外部視点からそれを規定することは困難をきわめます。その動感形態を認識する私たちの〈意識の働き〉が〈動感志向性〉と呼ばれ，受動発生世界においても，動感素材が〈連合化〉によって，触発され動感形態が構成されるのです。だから，動感形態を動感志向形態と呼んでもさしつかえありません。「できた」という〈気づき〉は，単なる運動課題の達成という形式的な結果ではなく，内在意識時間の中で過去把持の把持へと〈今・ここ〉につなぎ止められて，「動感形態が発生した」ということになります。

科学的思考に慣らされている私たちは，課題達成の瞬間を〈できた〉と判断しますが，私の運動は〈できる〉ことが運動課題の達成を意味しているのです。「よくわからないけどできた」という〈まぐれ〉に遭遇することがありますが，それは自分の記憶にないのではなく，動感意識がまだ〈空虚〉なのです。空虚な動感意識とは「実際に動いたという動感感覚は実存するけど，受動世界に埋没していて，まだ気づけない意識」を意味しています。〈まぐれ〉でも動感形態が構成されたから〈できた〉と気づくのですが，その動感意識は〈空虚形態〉ですから，どのようにできたかがわからないのです。ところが，次の試みに入る前に「こんな感じでやればできるかもしれない」と思い浮かぶことがありますが，それは，空虚な動感形態が充実し始めて，〈空虚表象〉へと浮上しつつあることを意味します。

動感意識は動感志向性という〈受動的志向性〉を基盤としていて，その充実は「具体的なあることについての意識」という，自覚される能動的志向性へと向かっていくことになります。物的対象を認識する実存的世界は，時間と空間の秩序を持ち生成変化する世界を持つと同様に，〈形なきかたち〉を持つ動感形態も，時間と空間の秩序を持ち〈生成消滅〉する世界を持つのです。動感形態は，経験の中で形作られる〈主観的形成物〉ではなく，実際に〈ありありとわが身に実存する〉本原的な本質必然性を持っているのです。

第Ⅴ章

動きかたを教えるとは何か

§ 49 動感意識は今統握の中庭で働く

現象学の鼻祖であるフッサールは，このような人間固有の今統握の時間性を〈過去把持〉〈原印象〉〈未来予持〉の三位相の中で内在時間意識として捉えました。〈過去把持〉は「たった〈今〉過ぎ去ったものをなお〈今〉につなぎ止める意識の働き」であり，〈未来予持〉は「今まさに到来しつつあるものを待ち受ける意識の働き」です。〈今〉という時間意識の源泉点として〈原印象〉ないし〈原感覚〉という契機をその三位相の〈核〉として定立しています。この現在は，物理学的な瞬間点としての〈今〉ではなく，時間幅としての〈中庭〉を持った超越論的な〈今〉として理解されることになります[*118]。

〈過去把持〉〈原印象〉〈未来予持〉という三つの位相は，時間意識の中で〈今〉と同時に居合わせる空間意識の〈ここ〉と絡み合い，〈今・ここ〉で〈幅のある現在〉として一つにくくられることになります。〈今・ここ〉という私の意識の〈過去把持〉は〈過去把持の把持〉と彗星(すいせい)の尾がなびくように離れていきます。〈今・今…〉と，新鮮な記憶として位相が〈彗星の尾〉に結合しながら離れていくのですが[*119]，それは〈今・ここ〉の意識の中にあり，物理時間の過去とは違います。さらに，フッサールは運動を捉えるときには，私の動感身体で一つのまとまりを持った志向的形態として，つまり運動メロディーとして感じとるのでなければならないことを指摘します。運動形態が私の身体に知覚されるときには，そのつど〈今として統握される〉のであり，それによって動きそのものが今にアクチュアルな位相として構成されるのです。さらに，この〈今統握〉というものは，把持がいわばコメットの尾とすれば，その核のようなものであり，動きはそのつどの〈今・今…〉に関係づけられていると念を押します[*120]。

子どもたちがコマ回しをして遊んでいるとき，それを見ていた大人が子どものころ，同じようにコマ回しをしていたことを思い出します。懐かしいと

*118 金子明友（2015）：『運動感覚の深層』 明和出版 178 頁
*119 エドムント・フッサール／立松弘孝訳（1982）：『内的時間意識の現象学』 みすず書房 42 頁
*120 金子明友（2005）：『身体知の形成（上）』 明和出版 118 頁

思いながら子どもに「ちょっと貸して」とコマを借りて回そうとします。コマを触りながら自分の記憶は〈今・ここ〉に〈再想起〉されながら，当時の動感能力を生き生きと蘇らせていきます。紐をコマに巻きながら，再想起によって先構成されている動感形態が充実し「自分はできる」という確信が生まれてきます。そうして，実際に子どもたちの前で「見ていなさい」といいながらコマを回します。失敗すると「こんなはずじゃない」といって，〈今・ここ〉で喚起された再想起としての動感経験に反省分析を施して，先構成されている志向形態に向けて充実化し，再びコマ回しに挑戦することになります。こうして何十年もやっていないコマ回しの動感形態は，〈今・ここ〉に再現されることになります。

時間意識の中で完全に切り離され，あるいは消失してしまった「コマ回しの身体経験」であれば，時間経過とともに消え去り，再びコマを回すことは新たに習得しなければなりません。ところが過去把持につなぎ止められ，過去地平へと沈み込んでいった〈コマ回しのコツ〉は，子どもたちのコマ回しの動感情況に〈触発〉され，〈今・ここ〉に生き生きと引き戻されたことになります。巷間で「昔取った杵柄（きねづか）」ということは，このような再想起における動感直観化の充実プロセスを経ていることになります。

運動学でいう動感（キネステーゼ）は〈動きの価値意識〉への志向性を意味しますから，それは受動的綜合の現象野を起点とすることになります。自分が動きつつある動感感覚は直接経験を通して，原印象から過去把持へと向かうことになります。原印象と過去把持との動感感覚には，お互いのその意味を呼び覚まし合う〈相互覚起〉が生じ，それは今まさに到来しつつあるものを待ち受ける意識の働きを呼び起こし，一つの動感図式が未来に向かって働き出します。自我が関与しない受動世界において，空虚な動感形態は把持の把持へと流れていき過去地平に沈み込んできます。新たな試みとしての動感形態も，同様に把持の把持へと向かいながら過去地平に沈み込んできます。このような無意識の身体経験の積み重ねから，突然「今のはよかったかもしれない」という「気づき」という〈動感質評価〉が生じることがあります。それはすでに受動的綜合において過去把持の把持へと沈み込んでいた動感形態が充実化したことに他なりません。無関心に思える反復の中でも，突然そこに〈動感質評価〉への〈気づき〉が生まれ，能動的綜合化の地平へと浮上してくるのは，「できるようになりたい」という〈動機づけ〉がそれを支えていることになります。そのような〈動機づけ〉としての動感価値意識に支えられ，受動的に綜合化しながら動感形態は触発され，自分の意識に浮かび上がってくることになります。そこにおいて，はじめて私たちは能動的綜合における動感形態の習慣化の形成に向かうことになります *121。

「逆上がりができた」というとき，次つぎと流れ去る私の動感質を過去把持につなぎ止め，〈時間的統一を構成する〉と同時に，その〈意識流の統一〉としての動感形態も構成します *122。それは流れ去る動感を過去把持につなぎ止める〈延長志向性〉[Längsintentionalität] と，その動感が沈みつつ統一化を構成する〈交差志向性〉[Querintentionalität] という〈二重志向性〉の働きが意味されています *123。先構成された動感形態は交差志向性において沈み込みながら，未来予持の動感質を先取りして待ち受けます。そこにおいて，私の逆上がりは〈今・ここ〉で，「どう動いているか」を捉えることができるのです。「思った通りではない」という動感意識は，この二重の志向性に基づいて未来予持の〈先読み〉を投企することになります。

§ 50　動感形態の同一性を問う

私たちは自らが動くその動感意識において，類的普遍化を進めていく一方では，「その運動が同じか」という判断に迫られます。自分の目で直接，自分の運動全体を見ることができませんから，自分の運動を〈同じ〉とか〈違う〉と判断するのは，動感意識の中で捉えていることになります。何回も繰り返す〈逆上がり〉の練習で，「さっきと違う」「今のは同じ」と，自分の逆上がりの感覚質をそのつど評価しています。「私は歩いてきた」という証言は，動感意識を根拠に語るのです。「逆上がりを行った」といえる自分も，「動いた感じ」という動感を捉えているから認識できるのです。ところが，種化的な同じ逆上がりを何回も練習をしているうちに「今までの感じと違う」とい

---

*121 山口一郎（2009）:『実存と現象学の哲学』 放送大学教育振興会　173 頁
*122 エドムント・フッサール／立松弘孝訳（1982）:『内的時間意識の現象学』 みすず書房　106 頁
*123 山口一郎（2008）:『人を生かす倫理』 知泉書館　154 頁以降

う感じに気づきます。それは，種化的同一として捉えていた，逆上がりの〈動きかた〉の動感質の違いに，新たな意味が発生する兆候なのです。それは自ら志向する動感形態の意味核が新たな価値意識を生みだしつつ充実化していることになります。

私たちの動感形態の同一性は，形式的普遍化としての同一ではなく，類的普遍化としての同一性を認めていることになりますが，そこには〈自己運動〉特有の，意味発生が関わってくるからやっかいです。特に競技スポーツでは，試合という期限付きの中で，動感形態の〈安定化〉へと志向します。習練を積み重ね，何とかコツをつかみ〈習慣化〉して「いつでもできる」というレベルで，試合に臨むことになります。ところが，試合直前に「もう少し工夫したらもっとうまくなるかもしれない」ということがあります。新たな動感志向形態へと向かえば，以前の動感形態は解体を迫られます。マイネルも，「コーチが自分の気に入りの選手に，試合前も試合中も問わず，よかれと思う助言をいっぱいに詰め込んでしまうこともあります。このような無用な長物は，場合によっては自動化を破壊してしまう」[*124] と動感形態の〈安定化〉と〈解消化〉の問題を指摘しています。

私たちの動感形態は，私の微妙な動感意識の中で構成されますから，その能力性に支えられて，外部視点から見て運動経過に違いがあっても，〈同じ動感形態〉ということもあるのです。それを見きわめられないコーチは，選手に余計な指摘をして動感形態を解体させてしまうことも珍しくないのです。充分な練習をこなし「もう大丈夫」という慢心した選手が，新たな動感意味核の発生に向かい，試合直前に動感形態が解体してしまうことさえあります。また，試合直前に他の選手と比べて自分の選手のレベルの低さに憤慨したコーチが，慌てて一生懸命指導をすることもあります。すぐに上手くなるのであれば，最初からそのように指導していればよかったのですが，コーチの見栄は選手にとっては迷惑な話なのです。

まだ上がったことがない〈逆上がり〉の練習中に，「できる気がする」ということがあります。「できる気がする」というのは，「できたことがある人が，その経験に近づいてきた意識」と理解します。とすれば，まだ逆上がり

*124 クルト・マイネル／金子明友訳（1981）:『マイネルスポーツ運動学』 大修館書店　405 頁

が上がったこともない人は「できる気がする」はずはありません。ところが，はじめて覚える運動でも，「できる気がする」「コツがわかりそう」ということがあるのです。それは〈逆上がりが上がった〉という成功体験以前に，すでに「逆上がりが上がる」という空虚形態が〈先構成〉されているからです。この〈先構成〉されている動感形態の中にこそ，発生運動学が分析対象にする動感地平意識が〈いつもすでに〉潜んでいるのです。

§ 51　運動を比較するとは何だろうか

子どもは示範された目標像となる運動を見て，すぐに真似をして動いていきます。しかも即座に「示範と同じだった，違った」と判断します。示範された運動を向こう側の対象として観察しているのであれば，自分の運動も同じ対象として向こう側に置かなければ「同じ，違う」という比較はできるはずもありません。これは〈外的な対象〉に向けられた抽象化と，〈自らの動いた感じ〉に向けられた〈綜合化〉が比較されるという奇妙な出来事なのです。「示範の逆上がりと違う」という場合，〈違う〉とは，「何がどのように違っている」のでしょうか。運動中に自分の運動の姿全体を自分の目で見ることはできないのですから，視覚を通して認識する〈示範された目標像〉という対象と，視覚では捉えられない〈自分の価値知覚〉とを，どのように比較して〈違う〉と判断したのでしょうか。他者の運動を，視覚を通しての映像認識と理解すれば，自分の運動も視覚を通して比較されなければなりません。ところが自分が動いた直後に，見本の運動と〈同じ〉〈違う〉という比較分析がなされているのです。

この示範された〈運動を見る〉ということは，私の動感志向性を起点としているのです。〈或るものへの意識〉つまり〈志向性〉として，私がその対象を認識する態度を持ちます。判じ絵に隠された絵は，「それが何であるか」という述語的態度によって〈見える〉ことになります。つまり，〈意味づける〉ことは自らの志向性において可能となるのです。一般に，示範された逆上がりを，物理時空系の単なる図形変化の運動経過として認識する場合と，そこに自己運動としての〈動く感じ〉として認識する場合が見いだされます。示範された運動を見ている子どもは，示範の運動に自己運動としての動感感覚を移し入れて見ているから，〈示範の動く感じ〉と〈自分の動く感じ〉という中に，〈同じ〉〈違う〉という価値意識が即座に生まれることになります。見える対象の運動と，動く自分の動感運動との比較が可能となるのは，両者を自らの動感志向性で捉えているからに他なりません。ところが，科学的思考に慣れている私たちは，示範された運動の〈図形的変化〉をまずはじめに視覚として捉え，次に自分の動感へと翻訳する手続きを行っていると考えます。〈それ〉という対象を，まず視覚的な図形変化として措定することは，写真機モデルの説明と同じになってしまいます。

示範された逆上がりを見ることは，外部視点から単なる運動の図形変化として捉えているのではなく，私の動感意識の中で，つまり私の動感の感覚質を投射して，動感志向性で見ていることになります。そこで見えるものは〈私の動く感じ〉という志向性による認識ですから，それは私の動感意識の中に構成されているのです。見本を見るという動感志向性によって過去把持につなぎ止められた動感質は，〈今・ここ〉で，実際に真似ようとした動きの経験と摺り合わされ，「示範された逆上がりと違う」と即座に判断できるのです。

こうして，「運動中に自分の目で，自分の運動を見ることができない」という現実の中でも，示範された運動を見て学習できる可能性を見いだすことができるのです。だから動感観察能力の鋭い子どもは，示範された運動を「私の運動そのもの」として捉え，「見ているうちにできそうな気がしてきた」と一挙に真似る場合があるのです。同じ運動課題を練習するとき，自らの動感志向性で仲間の運動に関心を持つことは，一人黙々と練習するよりも，新しい動感に巡り会うチャンスが多いのはこの意味においてなのです。

最近では，先生が示範を何度も繰り返すことをせず，最初から〈再現映像〉で目標像を示すことがあります。先生の〈逆上がり〉をビデオで撮影しておけば，いつでも同じ目標像が見られます。子どもたちから「いつでも目標像が見られるから覚えやすい」という声が聞こえてきます。再現映像を示範の代わりに使う練習方法が効率のよい授業と単純に考えてしまいます。〈見て覚える〉ためには，子どもが目標像を見る動感志向性を通して直観化できることが必要なのです。だから〈生きた示範〉のほうが〈身体移入〉，つまり動感身体を移入しやすいのは，この意味においてです。

§ 52 動感形態はメロディー化される

曲というのはいろいろな音によって構成されていますが，それを歌ったり，ピアノで弾くと一つのメロディーが生まれます。そのメロディーは各音の単なる集まりではなく，一つのまとまった流れとして私たちの耳に聞こえてきます。次つぎに消えていく各音は自分の〈今・ここ〉意識の中でつなぎ止められ，メロディー全体は最後の音が鳴り終わったときにはじめて一つのまとまりを持ちます[*125]。同様に，私たちの動感意識流も動きつつ感じとられる知覚経験が〈今・ここ〉につなぎ止められ，一つのまとまりの終了とともに，動感メロディーを感じとります。たとえば，〈逆上がり〉であれば「構えて→脚を振り上げ→肩を後ろに倒して→回り→腕立て支持になる」という一連の動きの動感意識流が〈今・ここ〉につなぎ止められながら終わることになります。それは流れの中で，動感感覚質が〈今・今…〉とつなぎ止められて，一つの動感メロディーを奏でることに成功したことを意味します。このように，メロディー化された〈動きの感じ〉を〈動感メロディー〉と呼びます。各音の連続を一つの音メロディーに捉えるのですが，それが余りにゆっくり流れると，メロディーが捉えられなくなって，何の曲かわからなくなる人がいますが，動感メロディーでも同様なことが起こります。

たとえば，幼稚園で子どもたちに「ゆっくりスキップをやる」という課題をだしてみると，何人かの子どもは「これはスキップではない」と言い出します。外見的にはスキップとして見えても，本人はスキップとして捉えられないようです。音メロディーが非常にゆっくり奏でられると，何の曲かわからなくなることと似ています。各音の間隔を何秒も空けて曲を弾けば，メロディーは捉えられません。自分のスキップという，〈先構成〉されている動感メロディーと，「ゆっくりスキップをする」という動感メロディーがまったく異質だから，「これはスキップではない」というのです。ゆっくり動く動きでも動感メロディーが捉えられる人もいますが，そこには〈時間化〉と

---

*125 エドムント・フッサール／立松弘孝訳（1982）：『内的時間意識の現象学』 みすず書房 52頁

いう〈能力可能性〉の問題が浮上してきます。

スポーツの実践場面では，ある運動経過をゆっくり行わせることが動きかたの順序性を確認することに役立つことはよく知られています。ゆっくり動く中で，自分の欠点である動きかたを修正しながら，動感形態の修正に向かう方法はよく行われています。人によっては，ゆっくり自分の動きを再現しようとすると，実際にどのように動いていたかを自分が知らなかったことに気づくこともあります。これは空虚だった動感意識を充実させる一つの方法として，指導実践場面ではすでに行われています。しかし，気づいてはいけない動感メロディーに執着すると，動感形態そのものが解体してしまうので注意が必要です。

この〈動感メロディー〉を構成するのは，現象学的な〈時間化作用〉がその基盤をなしています。この〈時間化〉の始原は，〈流れつつ立ち止まる原現在〉に求められ，過去把持と原印象の〈相互覚起〉と〈未来予持〉の働きに関わってきます [*126]。スポーツ実践では，その〈差異化能力〉が主題化されることになります。直下の動感経験はそのつど流れ去り，過去把持されていくのですが，お互いを呼び覚ましながら動感質は際立たされていきます。それは未来を待ち受ける働きとしての〈未来予持〉の充実化をもたらします。未来予持の充実化はスポーツ実践においてきわめて重要視されます。スポーツ選手は「運動の途中で失敗する」と感じとることができますが，そのまま失敗すれば「それがわかってなぜ対応できない」とコーチから厳しく指摘されます。この時間化作用により，私たちの〈動感メロディー〉が個別な意識として切り離されることがなくなります。失敗した動きがメロディー化されて自覚できても，それを言い訳がましく他人に説明したがる〈自己評論家〉では技能の向上は期待できません。不測の事態に遭遇しても，それを回避するために〈どう動くか〉という実践可能性の能力を磨き上げるのがスポーツの練習場面なのです。

初心者のうちは，「何か違う」といった受動地平の動感志向性における，漠然とした動感メロディーの違いが，地平志向性にはっきりと浮かび上がってきません。熟練者は「どこの感じ」という細かい地平志向性を捉えて，具

---

*126 金子明友（2015）：『運動感覚の深層』 明和出版 187 頁以降

体的な動感メロディーの違いに気づくことができます。本人が動感メロディーに気づけないのは，それはやがて〈充実〉される〈空虚〉な動感メロディーのままになっているからです。その発生は，まだ〈まぐれ〉と呼ばれる層位にあります。

§ 53　運動修正の言葉がけを問いなおす

指導者は運動を教えるとき，運動問題の解決に向かって多くの言語指示を行います。生徒はその指示語を聞いて練習をするのですが，同じ注意を何度しても問題が解決しないとき，指導者は「人の話を聞いているのか」と叱責を浴びせることがあります。その発言は，「相手は指摘したことが理解できる」という前提に基づいているのです。その前提がほとんど通用しないのが，まだ言語による思考もままならない幼児の運動世界です。

園児に「右手を挙げてごらん」といっても手を挙げない園児に，先生は「人の話を聞いているのか」と叱責を浴びせることはありません。思わず「右手という言葉がまだわからないのか」と反省し，「こっちの手を挙げてごらん」と先生が実際に手を挙げてみます。向かい合っている先生を見て〈左右がわからない園児〉は，先生の期待と反対の手を挙げることもあります。そのような園児には「反対の手を挙げて」と指示語を変えて，園児が皆同じ手を挙げることができます。先生は「自分のいった言葉が理解できる」という前提が成立しない園児たちには，いろいろな方法を駆使して理解できるように努力します。

私たちの会話が成立するのは，相手が自分の言葉を理解できるという前提に支えられています。ところが，その前提はきわめて身勝手になりやすいようです。それは話しをする本人が「相手がそのことを理解できる」という思い込みからはじまります。友達と会話をしているうちに「何か話しがかみ合わない」と気づき，改めて聞き直すことがあるのはこの意味においてです。

「季節になると梨が出回りうれしいね」と友達と二人で「梨について」会話をしています。会話が進むうちに，「新鮮でみずみずしい梨が好き」という友達の意見に対して，「梨は日がたって少し柔らかくなったほうがおいしい」と二人の意見が分かれていきます。「柔らかい梨がおいしいというのは変わっている人だな」と思いながら会話を続けているうちに，〈梨〉という言葉の意味が違うことに気づきます。一人は「幸水」などの品種の〈梨〉について語り，もう一人は「ラ・フランス」と呼ばれる〈梨〉について語っていたようです。会話を成立させる前提には，たとえば「梨」についてお互いが「そのことについて知っている」という〈かのごとくの合意〉*127が暗黙のうちに成り立っています。

小さな子どもたちと大人との関係には，このような〈かのごとくの合意〉という「お互いがそのことについて語るべき知を持っている」という前提が成立しないどころか，成立させないこともあります。たとえば「おいしい」ということは，子どもでも大人でも区別なく本人が直接感じた味覚経験です。いくつかの有名店のケーキを食べ比べて，子どもが「やっぱりここのケーキが一番おいしい」というと大人は「生意気なことをいう子どもだ」と子どもの感想を否定します。それは「子どもはまだケーキの味がよくわかっていない」という一方的な前提を大人が身勝手に作り上げ，子どもが純粋に直接経験した味までも否定するのです。

このように〈かのごとくの合意〉という「お互いがそのことについて語れる」という前提は怪しいものなのですが，スポーツ実践場面では，「何度も同じ指示を出しているのにいうことを聞かない」と叱責を浴びせます。「いうことを聞かない」ではなく「いうことが理解できない」と反省的態度を持てばよいのですが，指導者が「自分のいったことが正しい」という立場を崩すことはなかなか難しいようです。さらにやっかいなのは，運動を覚える場合は「いったことを理解して〈そのように動く〉」ことが要求されます。〈知る〉と〈できる〉は，単純につながらないから「わかっているけどできない」というのですが，指導者はそのことにあまり関心を示しません。

マイネルは，「教師の任務は，なかでも運動をうまく行うことに直結した運動感覚を生徒にわかりやすい形式で伝えることにある。たとえば，“運動のこのところでは自分が重くなるような感じを持たなければいけないよ！”（自己身体に有効な重量感），あるいはスキージャンプでは，“空気の上に伏せる感じを持たなければいけないよ！”（“空気まくら”に乗った力の感じ）」と

*127 坂本百大（1986）：『心と身体　原一元論の構図』 岩波書店　58 頁

注意を促しています[*128]。「言葉が学習者の意識に現れる五感感覚や運動体験とつねに結びついて用いられるときだけ，運動修正に役立つ。現実と何ら関係のない空虚な形式的な言葉が使われるのでは何の役にも立ちはしない」[*129]と指摘します。「いうことを聞かない」のではなく「いう言葉が役に立っていない」というマイネル指摘は正鵠を射ています。ところが最近は動感発生の核心に立ち入らない，マネジメントとしての〈言葉がけ〉が注目されているようです。本人の〈やる気〉を出すための〈言葉がけ〉の必要性は理解できても，「それで動感発生を促した」という因果論的決定に至ることは，体育教師の専門能力性を否定していることに気づかないようです。

言葉は私たちが「他人に伝えたいこと」を示す記号として利用されますから，相手に言葉の意味が通じなければ，さまざまな表現を使って意味を伝える努力をしなければなりません。「教えるのがうまい先生」は，一つの動感感覚の意味を伝えるのに，相手のレベルによってさまざまな表現を使うことができます。「動けるようにさせる」ということが体育指導者の本来の使命であれば，同じ言葉を繰り返しても何も変わらない相手には，指導者がその伝え方を変える反省的態度を持たなければならないのは，喋々するまでもありません。

§ 54　動感経験は反省できるのか

小学校の体育の授業において，映像機器を使い生徒の運動を撮影し，示範された運動と比べて欠点を指摘するマット運動の授業が紹介されていました。そこでは，子どもは自分の技を見ることに興味を抱き，示範の運動との違いを見て比べながら一生懸命練習をして問題の解決に向かいます。「自分の欠点がよくわかるから練習しやすい」と，子どもが映像の呈示を評価しますが，欠点を伝えたのは映像機器そのものであって先生ではないのです。また，修正に成功したのは生徒本人ですから，「映像情報をどのように自分の運動問題の改善に役立てたか」に，体育教師自身は関わっていません。〈映像情報の提供＝運動問題の改善〉という因果関係を承認してしまえば，体育

*128 クルト・マイネル／金子明友訳（1981）:『マイネルスポーツ運動学』 大修館書店　392 頁
*129 クルト・マイネル／金子明友訳（1981）: 同上書　390 頁

教師による学習指導の存在理由がなくなってしまいます。

そのような授業が「よい授業」ということになれば，体育教師が「専門家だから教えられる」と胸を張っても，映像機器の操作は専門のオペレーターのほうが高い技能を持っています。場合によっては子ども同士が映像機器を操作して練習をしても，同様の結果が出る可能性もあります。「運動課題ができる」ことを課している体育授業ですが，成果主義にのめり込めば，なりふり構わずあらゆる手段を講じることになります。かといって「運動課題ができなくてもよい」といえば，体育の技能習得の意味を失ってしまいます。このような視点から考えてみると，〈体育〉という教育は，あらためてその〈教育的意義〉を再考する必要に迫られます。結局，最後に残る先生の仕事は，「わかっているけどできない」という〈反逆身体〉の解決に苦しんでいる子どもを救うことに集約されることになります。動けない子どもを教えることができる先生だからこそ，その専門性が保証されるのです。

ところが現実は，そんなに簡単ではありません。外部視点から運動を捉えれば，「自分で手足を動かしているのだから，自分の動きに気づかないはずはない」と考えたくなります。ところが，「自分の動く感覚に気づけない」という場合も珍しくないのです。また,「消えてしまった感覚を呼び起こす」，さらに「なじんだ感覚を消すことができるかどうか」という問題は，きわめて難しいアポリアに他なりません。

学校の朝礼で生徒が整列しているとき，前に並んでいる人を見ると「直立不動」のはずが，体は前後左右に小さく動いています。自分もそのような状態かと思い，自分の足の裏に意識を持っていくと，足の裏に体重がかかる場所が一定でないことに気づきます。つま先に体重がかかるとすぐに足の指に力が入りバランスをとり直します。自分では「バランスをとろう」という意識もないのに，足が勝手にバランスをとっています。先ほどから直立不動の姿勢を保っていますから，自分が気づかないまま，足が勝手にバランスをとっていたことになります。今度は，校長先生の話を聞こうと耳を傾けると，足の裏でバランスをとっている動きの意識は消えてしまいます。再び足に意識を向けると，自分の足の指に力が入ってバランスをとっていることに気づきます。

このように私たちに直接与えられた動きの知覚経験は，「意識することもしないこともできる」という奇妙な自由さを持っています。さらに習慣化した運動では，その直接経験に「気づかない」ということも起こります。自分の運動感覚に〈気づく〉ことは，場合によってはその運動ができなくなることさえあるからやっかいです。マイネルはその著『運動学』で〈ひきがえるの悪態〉の寓話を述べています。「ある一匹のひきがえるがむかでに出会った。ひきがえるはわざとおおげさにびっくりして，むかでにお世辞をつかった。むかでは歩くときに，その〈たくさんの〉足のそれぞれが，どのようにしなければならないかをどんな瞬間にでも正確に知っているから，すばらしい芸術家であるといった。ひきがえるはむかでが〈どうさばいて歩くのか〉想像することもできないといった。むかでは上機嫌になってしまい，今度は歩くときに本当に，自分の足をどのような順に動かしているのか注意してみようとした。ひきがえるは跳んで行ってしまったので，むかでは〈完全に意識して〉家に帰ろうとしたとき，むかでは自分の足の一本の足さえも動かせないことを認めざるをえなかった。むかでは歩くことができなくなってしまったのである。」[*130]

〈むかで〉の歩行は習慣化していて，無意識で動いているのです。だから，その足に注意を向けた瞬間，最初の一歩はどの足で，次にどの足を動かしていたのかを，まったく知らなかったことに気づいたようです。「この足を最初の一歩にしよう」と考えても，次はどの足を動かしていたか記憶がないのですから，歩くことができなくなったというわけです。私たちも「自分で気づいていない動き」を練習仲間や指導者から指摘され，「運動がやりにくくなったり」「できなくなってしまった」という経験を持っています。一方で，「コツがわかった」といって，自分の動きに注意を向けると，運動が突然上手くなることもあります。科学的思考では入力情報が多いほど選択肢が増え，正確な判断ができる可能性が高くなると考えます。ところが物質身体の情報を直接に動感身体に移入してしまうと，〈拒絶反応〉が起こってしまうこともあるのです[*131]。動感の反省分析には多くの問題が潜んでいることを知ら

---

*130 クルト・マイネル／金子明友訳（1981）:『マイネルスポーツ運動学』 大修館書店　43 頁
*131 金子明友（2005）:『身体知の形成（上）』 明和出版　85 頁

なければなりません。

§ 55 動感の価値意識は能力可能性に依存する

友達との待ち合わせ場所に着いたとき,「私は歩いてきた」という完了意識が後から現れてくるとは限りません。「待ち合わせ時間に間に合わない」と思ったときには,動きのリズムは変化し「最初は歩いていたけど間に合わないと思って走ってきた」と報告します。自らの行為の決断が事後の意識で〈歩く〉と〈走る〉が区別されても,その行為を導き出した運動感覚は〈歩く〉と〈走る〉を自覚する以前に,つまり,〈先反省的〉に働いていたことになります[*132]。私が歩くという行為を確信することは,私が私の歩行感覚を対象化しているのではありません。それは〈歩く〉という感覚を引き起こす,自発的な運動意識によるものです[*133]。そのときの自らの決断は,判断して行為へという順序性を持っていません。これがあらゆる反省に先立っている動感運動そのものの〈本質可能性〉であり,絶対的事実性として疑うことができない〈原事実〉なのです[*134]。日常生活の習慣化された運動は〈できる〉〈できない〉が意識されず,座っていて何かものを取ろうと思えば,手がそこに伸びるし,届かないと思えば腰を浮かして手を伸ばすことになります。特に意識していなくても,そう動けることは,私の身体が〈いつもすでに〉了解しているのです[*135]。高度な技能を有する熟練したスポーツ選手は,たとえば,サッカーのゴールキーパーがコースを読み違えても,とっさに足が出てボールを止めることができます。体操競技の選手が鉄棒の離れ技で再び鉄棒を持つとき,「絶対に届かない」と思っているにもかかわらず,手が勝手に伸びて鉄棒をつかみます。取組に勝った関取が「何も覚えていません,身体が勝手に動きました」ということも珍しくないのです。最近ではそのような即座の対応力を「高度な身体能力」と呼ぶようですが,その能力は現象学でいう〈動感身体能力〉が意味されていて,私の身体に受動的綜合化している

---

*132 金子明友（2015）:『運動感覚の深層』 明和出版 212 頁

*133 L. ラントグレーベ／山崎庸佑他訳（1980）:『現象学の道 根源的経験の問題』 木鐸社 188 頁

*134 金子明友（2007）:『身体知の構造』 明和出版 16-17 頁

*135 金子明友（2002）:『わざの伝承』 明和出版 350 頁

のです。

このような素晴らしい動感身体を手に入れようと習練に励むとき，最初にぶつかる壁が，〈したい－できない〉という葛藤です。そこでは，自らの動感身体が思うように動かない〈反逆身体〉と出会うことから始まります。その葛藤の日々から，やがて，〈私の動感感覚〉は研ぎ澄まされ，ついには，私の身体性の中に新しいコツやカンが生まれることになります。その習練過程は，〈自らの身体との対話〉に迫られ，「さっきできたのに，なぜ今できないのか」「どこが違うのか」「どうすればそう動けるのか」と自らの動感意識の反省分析へと向かいます。この動感経験の反省分析によって，動感能力が研ぎ澄まされてくるのですから，「結果が出ればよい」という程度の選手はいつまで経っても埒が明きません。このことは，義務教育で展開される教科体育の〈教育的意義〉にもつながることです。しかし，課題達成のプロセスで，生徒に〈自らの身体との対話〉を迫る授業が果たして展開されているのでしょうか。スポーツ実践場面では，〈そう動きたい〉という強い動機づけから習練する人と，〈できればよい〉という成果主義で習練する人には，動感反省分析のレベルに決定的な差が生まれます。

そのような動感経験の反省分析を行ってきた，高度な技能を有する選手や指導者たちは，素人には気づけない動感感覚の深層世界を有しています。シンクロナイズドスイミングの選手は，「この水はヌルヌルしている」「手の中に入ってくる」「スカスカぬける」などプールの水の違いをいみじくも捉えています*136。シンクロナイズドスイミングの選手でなくても，水泳の選手は水が〈重い〉とか〈軽い〉という動感感覚を持っています。背後にいる仲間を振り向いて確認するラグビー選手は，敵にタックルされて怪我をする恐れがあります。背後にいる仲間は目で見ないでカンで捉えなければなりません。一流と呼ばれる選手たちは，素人には気づけない鋭い動感感覚を持っていますが，そのようなコツやカンは自らの動感経験を反省分析しながら習練を積まなければ，とても獲得できるものではありません。ところが一般的には，ただ「反復回数が多ければ上達する」と安易に考えてしまうのです。〈動

*136 高畑好秀監修（2005）：『アスリート・コーチング BOOK』所収　シンクロナイズドスイミング　井村雅代　池田書店　75-76 頁

感質〉という動きの価値意識の判断は能力可能性に依存しています。定規の目盛りで考えれば，その能力差はセンチメートル単位でしか気づけない人と，ミリ単位まで気づける人の違いということになります。

§ 56　反復練習は動感質を磨きあげる

一流のアスリートは一つの同じ運動を端的に繰り返しているように見えるものです。その一流選手の動きかたの〈動感質〉いわば〈キネステーゼ感覚質〉のレベルを数字の読み取りに譬(たと)えてみましょう。〈動感能力〉が低いというのは，小数点以下が読めないレベルの選手のことです。たとえば，〈1.251〉〈1.262〉〈1.264〉〈1.267〉〈1.193〉という5つの数字があります。それぞれの数字が一つの運動の試行と考えたとき，小数点以下が読めない人は5つの数字を〈1〉としか読めませんから，すべて同じ数字ということになります。つまり同じ運動を5回行ったとしか判断できない動感感覚質しかないということです。小数点以下の桁数を多く読めるほど動感感覚が鋭いと考えると，小数点第1位まで読める人には，同じ数字は「1.2」で4つとなります。つまり同じ運動を4回行ったと動感能力で判断できるわけです。小数点第3位まで読める動感感覚の鋭い人は，それぞれの数字がまったく異なりますから，まだ同じ運動が出現していないことになります。

「同じ運動が5回できたら練習を終了する」という指示を出すと，動感感覚の低い小数点以下が読めない人は，動感感覚の高い人より先に練習を終了します。動感差に気づくレベルが高いほど，同じ運動の出現は困難をきわめますから，「同じ運動を5回出現させる」ための試行回数は多くなります。それを見ている動感深層をよく知らない素人は，「上手な人はたくさん練習をする」という単純な結論を出します。だから，「一流選手はたくさん練習をしているのだから，自分たちもたくさん練習をすれば上手になる」と短絡的に考えることになります。それがやがて，「反復回数が多ければ上達する」という常識を生むことになります。動感能力が鋭い人は反復回数は同じでも，求める〈できる〉運動の価値レベルが違いますから，一般的に試行回数が多くなるのです。

スポーツの練習場面で，〈動感差〉に気づく能力の低い人は動感感覚の中身に気づかず「成功の確率が高い」ことに満足してしまいます。上手な人から，「もう終わったの」「結局，何も練習をしていないじゃない」といわれるのは，このような理由からです。「動感意識は能力可能性を持つ」といわれのは，反省分析による学習可能性を有していることを意味します。一流選手と素人の差はいわゆる動感感覚の〈能力可能性〉を示しているのです。

マイネルは，「一般に全身運動であるスポーツ運動において，どの筋肉が働いているのか，われわれはわかるものであろうか？ 全身運動がたまに制限されるとき，それはすべての筋を関与させていないのか？ 解剖学的，生理学的知識はきわめて乏しいのに，高い技能を示す優秀な選手が少なくないのもたしかである。」[*137]「解剖学や生理学で消化が進むわけではないし，運動するのを学べるものでもない。これはとうの昔に消え去ってしまったはずの根も葉もない誤った考え方である。」[*138]と鋭く指摘しています。私たちが動きかたを覚え，それに熟練していく歩みは，〈動感感覚質〉を磨き上げる営みであって，スポーツの科学的知識を理解することと截然と区別されるのはこの意味においてなのです。

§ 57 指導方法論は動機づけ因果性に支えられる

指導実践場面で「運動ができた」という事例から，その方法を解明し一般化する指導法の研究はよく行われています。たとえば，「ある方法を使うと運動が上手くできるようになった」という事例があると，入力・出力の関係を因果決定論で結び，「どのくらいの確率で覚えられたか」という統計学的処理でその指導法の有効性が判断されます。ところがこの結果が一つの学問的研究成果と認められるには，ややこしい問題が潜んでいます。一般に統計処理を行うときは，まず自分が求めたい仮説としての〈対立仮説〉を立てますが，それに対して，その仮説を否定する〈帰無仮説〉を立てることになります。その帰無仮説が否定されることで，はじめて対立仮説の〈有意確率〉の計算が行われるのです。ところが，指導方法論で有意確率を求めようとしている〈動ける〉という出来事は感覚質という〈価値知覚〉の営みですから，

*137 クルト・マイネル／金子明友訳（1981）:『マイネルスポーツ運動学』 大修館書店 42頁以降

*138 クルト・マイネル／金子明友訳（1981）: 同上書 43頁以降

単純な因果関係は成立するはずもありません。

「逆上がり練習器で練習をすると，今までより逆上がりができる子どもが増えた」という事例があります。入力・出力の関係を因果決定論で結び，「どのくらいの確率で覚えられたか」という統計結果でその指導法の有効性が語られます。〈できない〉から〈できる〉に至った本人の動感身体の構成化の営みはブラックボックスに入ったままですから，「なぜできるようになったのか」という問題は不明なままです。仮に「蹴とばして恫喝したら，逆上がりが上がるようになった」という事例があり，それがきわめて高い確率で〈できた〉といった場合，どう考えるのでしょうか。それを「倫理にもとる行為」と批判して否定することはできても，〈できた〉ということは同じです。〈できた〉という成果だけを考えれば，手段も方法も同じ次元で語られてしまいます。〈逆上がり練習器〉でも〈蹴とばした恫喝〉でも，〈できる〉理由はどこにあるのでしょうか。そのためにはブラックボックスの中身を開ける必要に迫られます。理由もわからない実験結果は意味がないのに，動感発生の〈原構造〉*139 もわからないまま，形式的な因果関係を結ぶ方法論の展開は，学問としてきわめて怪しいといわれています。つまりそこでは「なぜできた」という，〈動機づけ因果性〉*140 が不問に付されているのです。

薬学の世界では「その薬がなぜ効果があるのか」は十分検証され，科学的な裏付けを持つことになります。生理学的身体の中で，その薬がどのように生体に作用するかを分析し，新薬の開発が行われることになります。「なぜその薬が効くのか」という質問には，専門家は薬の効果について客観的に説明することになります。新薬の開発に科学的裏付けもなく，単なる臨床実験の結果だけで認可されることはありません。同様にして，運動の指導法を考えれば，「なぜ」という問いに対して，「こうしたら」という〈手段〉だけに止まっています。薬では，「なぜ治ったのか」に対して「薬を与えたから」というだけでは説明にはなりません。薬の効果の裏付けが求められるのですが，運動の指導法の効果の裏付けはどのように説明されるのでしょうか。だから，この問題はいつもその成果主義に対して「別の方法でもできる」と陰

*139 金子明友（2015）：『運動感覚の深層』 明和出版 190 頁
*140 金子明友（2015）：同上書 131 頁以降

口は絶えません。

たしかに，指導実践場面で「ある練習方法を発見し，多くの人ができるようになった」という事例は数多くあります。その練習方法が有効かを指導者は動感経験から見抜くことができるし，指導者自らの動感経験から，独自の練習方法を考案することもできます。実践の指導者は自らの動感経験を反省分析し，対象となる運動の動感発生地平の〈原構造〉を〈共感〉によって捉えることができますから，学習者に欠損している動感能力を「どのように発生させるのか」という道を拓くことができる実践可能性を持ちます。一般的な体育・スポーツの指導方法論といわれる背景には，そのブラックボックスの中身を解明する発生現象学に基づくスポーツ運動学が学問的根拠を支えていることになります。別言すれば，指導方法論は〈動感発生〉を主題化していますから，スポーツの運動学的分析を施して，原発生の地平分析によって動感質発生の〈動機づけ因果性〉を明らかにしないと，学問としての成立は怪しくなるのです。

第Ⅵ章

動感発生の深層に立ち入る

§ 58 身体運動は流れつつ立ち留まる

公園で長縄跳びで遊んでいる子どもたちの中には，大縄に入れない子どもがいます。友達は「いま」とか「はい」とか声をかけ，縄に入るタイミングを教えています。ところが，そのタイミングのかけ声を聞いて縄に入ろうとしても上手くいきません。縄に入れる子どものかけ声は，自分が縄に入るタイミングであり，「はい」というかけ声は，同時に自分が足を踏み出すタイミングです。かけ声を聞いてから足を踏み出したのでは，タイミングが遅れ縄に引っかかることになります。

ものをつかもうとするとき，自分の手は対象物に向かうにつれて，つかむのに最適な〈手のかたち〉へと独りでに変わっていきます。まさに〈受動身体知〉が習慣化した営みと理解できます。その自分の手が「いつどのように変化していくのか」という動きを対象として観察しようとします。すると，何度も同じ対象物をつかむことを繰り返す中で，意識することもなく，手の形は同じような変化を示します。さらに詳しく，その〈動きかた〉の手の形の変化の瞬間を捉えようとすると，外部視点から意識的に自分の手を対象として捉えることになります。すると，自分の手が〈変化する瞬間〉をはっきり捉えようと観察する意識は，自分の手をゆっくり動かすことに向かいます。最後に〈ここ〉という〈手の変化の瞬間〉を捉えたと思ったとき，自分の手は静止することになります。

ものをつかもうとするときの，手の動きの変化は自覚されません。それは受動的な動感意識流の中で捉えられているからです。私たちが運動中に部分的な動きに強い意識を向けると，動きかたの全体が〈ぎこちなく〉なったり，〈できなくなったり〉して，運動そのものの流れがおかしくなります。運動中の動感意識流にとりわけ志向したり，コツを確かめようとすると，動感意識の流れそのものが滞ってしまい，来るべき経験を待ち受ける未来予持の動感に問題が生じます。実践場面では，「できた，と思ったのに失敗した」という，狐につままれたような奇妙な出来事として経験されています。

たとえば，体操競技の鉄棒の離れ技は，手を離して再び鉄棒を持つ技で，手を離した瞬間に〈持てる〉という成功意識が強く出ることがあります。それは，実際に懸垂になる直下の純粋経験を待ち受ける，未来予持として〈持てる〉と私の身体が了解する動感意識です。ところが，懸垂の後にも演技は続きますから，次の技のけ上がりへの動感流が変様してしまうことがあります。すると，「鉄棒を持ったはずなのに，手が離れてしまった」と，鉄棒にぶら下がれず落下する破目になります。「成功したはずなのに」とぼやく選手は，〈できた〉という鉄棒に懸垂する動感をスキップして，次のけ上がりを待ち受ける空虚表象へと向かってしまったのです。動感志向性を見抜けるコーチは，「慢心して心が先に行き過ぎた」と厳しく指摘します。一方で，運動中に思いもよらぬ失敗に遭遇すると，まったく身動きがとれず，何も対応できない選手もいます。そんなとき「失敗が意識に止まり過ぎだ」と注意して，練習中に失敗に対応する努力を怠っていたことを指摘します。一流選手と呼ばれる選手は「失敗したけど，云々…」といいながらも，アクシデントがあっても，結果に影響が出ないように対応できます。〈先構成〉された動感メロディーは〈今・今…〉と過去地平へ沈み込んでいきますが，運動の実践場面では，意識流が立ち止まりつつ，未来予持を待ち受ける空虚形態が息づいていることを経験的に知っているのです。

子どものころ，友達の後ろから気づかれないように近づいて，膝を後ろから押すと友達の膝が「カクッ」と崩れることをおもしろがって遊んだ経験があります。ところが，その友達がそのようなことを予期しているだけで，別に膝に力を入れなくとも「カクッ」と崩れることはありません。情況を読み取る〈カン〉により，受動世界で〈先構成〉されている，来るべき経験を待ち受ける未来予持の働きが充実し，膝が崩れることを先読みしているからです。運動はつねに動いていますから，〈今・今…〉の動感意識流の中で，動きつつ未来予持の動感志向が受動的に直観化されていることになります。〈立ち止まる〉動感意識の能動化は，動感意識流の未来予持の動感作用が消滅してしまうことになります。私たちの動感意識はつねに「立ち止まりつつ流れる」という〈時間化〉と〈空間化〉の反転化の働きを持っていて，私たちがはっきりと動きかたを感じとっているときでも，その運動は〈受動志向性〉とともにつねに流れているのです。

§ 59 自然科学は反論理を分析できない

実践場面で「できる」と思っても，〈できない〉ことのほうが多いことはよく知られています。「できる気がするから，できる」「できる気がしないから，できない」という形式論理では，私たちは「できる気がするまで，できない」という結論に至ってしまいます。運動の練習場面においては，「できる気がしたけど，やったらできなかった」「できる気がしなかったけど，やったらできた」という矛盾が当たり前のように起こっています。その矛盾こそが人間の運動習得における〈意味ある矛盾〉なのです。

〈生きること〉を考えたとき，それは〈出産〉と〈死〉という非存在から存在，存在から非存在の間にあることに気づきます。〈生まれる〉と〈死ぬ〉という，相反する論理矛盾を含む二つの述語の中で，〈生きること〉が述定化されることになります。ヴァイツゼッカーはそれを〈反論理〉と呼び,「そもそも生命とは意味のある矛盾なのだ。生命は生成なのだし，生成とは，そこに何かが〈ある〉のでもなく，〈ない〉のでもなく，何かがちょうどそこで一つの存在を失うと同時に,一つの存在を得るような本質規定なのだから。生成とはすべてこのような論理矛盾を含んでいる」[*141] ことになります。〈生成〉という出来事は，意味ある矛盾を含んでいて，私たちの動感発生の営みもコツが生まれ，コツが消えるという〈生成〉と〈消滅〉を繰り返しています。だから自己運動として〈動きかた〉が発生することは動きの〈かたち〉が発生することで，それは〈非論理〉ではなく〈反論理〉の原理に従うことになります。苦労しながら〈できる〉に至ったことは，新たな身体知が形成されたことを意味し，さらに自らの動感価値意識の変化とともに重層構造を持つ身体知の形成位相の道程を歩み始めることになります。その形成位相の中では，つねにコツやカンが生成し消滅するという出来事が発生しているのです。

「できる気がする」と始原身体知が了解しても,実際にやってみたとき「できない」という場面に直面したとき，「止めた」といって，その抵抗経験に向かわなければ，新たな〈身体知〉は形成されません。〈できない〉ことが口惜しくて「何とかできるようになりたい」という人のみが，能動的志向を

*141 ヴァイツゼッカー／木村敏訳（1995）:『生命と主体』 人文書院 95 頁

持つ身体知の形成へと向かうことができるのです。だから，〈～へ向かっての努力〉〈～から抜け出る努力〉という〈原努力〉こそが，身体知の形成の根幹を支えていることになるのです[*142]。

一方，自然科学的思考では，〈過去〉〈現在〉〈未来〉は一直線に並び，未来は過去の再現可能性を持つと考えます。過去にない出来事が現在に起これば科学者は口をそろえて「想定外だ」というのも，再現可能性を前提としている自然科学的思考だからです。ところが，上がらない〈逆上がり〉をひたすら繰り返している子どもは，科学的再現性から考えれば，今ここで〈上がらない逆上がり〉は「未来でも上がらない」ということになります。一生懸命に逆上がりの練習をしている子どもに，「未来に逆上がりが上がる確率はゼロである」と科学者は伝えるのでしょうか。このような自己運動として動きかたを発生させる〈生命の営み〉としての運動習得は，はじめから自然科学で扱える問題ではないのです。

物理学者の中谷宇吉郎は「自然科学というものは，自然のすべてを知っている，あるいは知るべき学問ではない。自然現象の中から，科学が取り扱い得る面だけを抜き出して，その面に当てはめるべき学問である。そういうことを知っていれば，いわゆる科学万能的な考え方に陥る心配はない。科学の内容をよく知らない人の方が，かえって科学の力を過大評価する傾向があるが，それは科学の限界がよくわかっていないから」[*143]といいます。さらに「科学というものには，本来限界があって，広い意味での再現可能の現象を，自然界から抜き出して，それを統計的に解明していく，そういう性質の学問なのである」[*144]と，自然科学の本質を説明しています。ところがスポーツ科学は自然科学という学問の枠組みの中で展開されるとき，「スポーツ科学によって運動を発生させうる」と誤解する人が絶えません。〈動けるようになる〉という動感発生地平は，科学的分析結果と直接因果を結べるはずもありません。自然科学を過信した人たちは，人間の〈生命的自然〉の〈身体学領域〉における[*145]動きの価値意識を持つ原発生地平を見過ごしているようです。

*142 金子明友（2005）：『身体知の形成（上）』 明和出版　331 頁
*143 中谷宇吉郎（1968）：『科学の方法』 岩波新書　14 頁
*144 中谷宇吉郎（1968）：同上書　17 頁
*145 金子明友（2015）：『運動感覚の深層』 明和出版　61 頁以降

§ 60　動きかたの感覚質に気づく

巷間では「たくさん反復をすれば上手くなる」といい，そこで一般に，効率よい反復のための合理的な管理が注目されることになります。このような自覚されずに，自我の関与がなく動きが身につくことを運動学では〈受動的発生〉と呼びます。それは〈気づかない身体の知恵〉だから〈匿名的身体知〉と呼び，私は「そう動ける」という自覚なしにいつの間にか動けることが意味されます。

〈匿名〉というのは名前を隠すという意味ですから，やがては名前がつく可能性を秘めています。〈無名〉というのは名前が無いのですから，その〈空虚形態〉の可能性すら見えません。私たちはこのように習慣的に身についた身体知でも〈無名〉と呼ばず〈匿名（アノニューム）〉と呼び，積極的で意識的な修正へと向かう〈予期可能性〉を示唆することになります。高等動物である人間は，他の動物とは違い，自らの身体の動きに積極的に問いかけ，〈自らの動感身体との対話〉を通して動きかたを修正し熟練へと導くことができるのです。

×印のように箸を交差させて使う子どもがいます。正しい持ち方ではないのですが，食事をするのにさほど困りません。そのときの〈動きかた〉は，すでに習慣的匿名性を帯びて〈箸をどのように使おう〉という意識さえ生まれません。ところが，人と違う箸の持ち方に気づき，他人の視線が気になり，恥ずかしさを覚えることがあります。〈恥ずかしい〉という意識の裏には，「正しい持ち方に変えたい」という新たな価値意識が発生したことになります。だから，新しい〈動きの感じの価値意識〉，つまり新たな〈動感質〉のある持ち方を覚えようと練習することになります。「正しい箸の持ち方はどうなのか」と，他人の箸の使い方を観察し，自分とどのように違うのかを考え練習していくことになります。こうして，再び自我の関与が無い〈気づかない身体の知恵〉がその情況の中で箸の使い方を修正して，食事のときに不自由さを感じない習慣となっていきます。それは時間を経て，いつの間にか自分にとって「食べやすい箸の使い方」に変わっていくのです。「食べることに苦労を要さなければ何でもよい」と思えば，別に箸の持ち方を正しくする必要はありません。「箸の持ち方を治したい」と思う場合は，新しい箸の使い方という〈動きの価値意識〉が発生したことになります。箸の使い方に限らず，私たちは動きの価値が変わるたびに，自らの動きかたは修正を余儀なくされ，習練の道を歩むことになります。

〈気づかない身体の知恵〉の古い動きかたに意識的に注目することは，「自分はどう箸を使っているのか，友達とどこが違うのか」と，動きの価値そのものを比較する営みへと向かいます。新しい〈動きかた〉を覚えるとき，一般的には反復するうちに自我の関与もなくできるようになります。だから〈気づかない身体の知恵〉が動きかたを覚えてくれるから，身体知は「からだで覚える」という表現を使います。日常的な〈動きかた〉は意識的な注意がないまま，何となく「からだで覚え」，いつの間にか〈習慣的匿名性〉を帯びて〈私は動ける〉という意識さえ浮かび上がってこなくなります。ところが，そのような習慣的となった「気づかない身体の知恵」が形成した〈動きかた〉でも，新しい価値意識が生まれると「気づこう」と自分が能動的に関与し，新しい身体の知恵を形成していきます。

小学校で逆上がりが一番上手な子どもが自慢げに皆の前で披露しているときに，体操選手がやってきて見本を見せます。すると，今まで自慢していた子どもは自分の逆上がりとの違いに気づくことになります。「いつでもできる」「何回でもできる」と習慣的匿名性に埋没した身体知を自慢していた子どもは，急に自分の〈逆上がり〉が気に入らなくなり，「あのようにできるようになりたい」と新しい動きかたに価値意識が生まれます。すると，自分はどのように動いていたのかという自分の動きかたに関心を持ち始めます。今までできていた運動に新たな価値を生みだし「こうしたい」と思ったとき，はじめて「そう動けない」という意識が生まれて，自分の今までの動きかたが匿名身体知のなす業(わざ)だったことに気づきます。「自分は得意だと思っていても，上手な人を見ると自分の下手さに気づく」ということが動機づけになって，さらなる習練を重ねスポーツの専門家の道を歩み始めた人もいるのです。

§ 61　コツ・カンとは何だろうか

〈コツ〉という言葉の語義は，〈骨〉という生物学的な骨(ほね)の意味以外に，〈ツボや要領〉という意味を持っています。スポーツ実践でいう〈コツ〉は，「何かを行うためのポイントや要領」という意味であることはいうまでもありません。〈カン〉は，漢字で〈勘〉と表され，これが運動世界で使われるときは，変化する運動情況に応じて，どちらがよいか考量し，判断する意味を持ちます。コツというのはカンと一対をなし，私たちの動感形態を構成することになります。コツは「自分がどう動くか」という〈価値〉を持った自我中心化作用であり，カンは「情況がどうなっているか」を判断する〈意味〉を持った情況投射化作用です。具体的な動きの中で〈コツ〉と〈カン〉は，いつもすでに統一態として実存しているのです。

昔の小学生の筆箱には，鉛筆とナイフが入っていて，鉛筆がすり減るとナイフで削っていました。今では，鉛筆削りという文房具を使うのが一般的ですが，ナイフで鉛筆を削るには〈コツ〉があります。鉛筆を削ろうと思っても，ある程度の力が必要ですから，〈コツ〉は，鉛筆を持っている手の親指をナイフの背に当て，鉛筆を手元に引き寄せるように動かしながら削ることになります。ナイフだけを動かして削るのではなく，鉛筆を手元に引きながら削るという〈コツ〉で，上手に鉛筆が削れることになります。同時にナイフが鉛筆を削る角度を〈カン〉で〈先読み〉しますから，深く削りすぎないように〈コツ〉で調整できます。リンゴの皮を剥くときも，包丁をリンゴに沿って動かして剥くのではなく，リンゴを回しながら剥くのも〈コツ〉です。ここでも同時に深く削りすぎない〈カン〉が働いています。このように，「何かを上手く〈できる〉ようにするポイント」が〈コツ・カン〉ですが，スポーツ実践場面でも，「この運動を行うためのポイント」といって〈コツ・カン〉を覚えることになります。自我中心化作用としての〈コツ〉は，その裏の〈カン〉と一対をなしています。

私たちが〈コツ・カン〉と呼んでいるのは，言葉で表す裏にある〈動く感じ〉を意味しています。たとえば，リンゴといえば，果物のリンゴを指すように，リンゴという言葉の裏には，自分の知っているリンゴが意味として張り付いています。だから，リンゴを知らなければ，「これがリンゴだよ」と実際にリンゴを見せてもらって覚えていきます。ところが〈コツ〉の場合は「これがコツだよ」といっても，実際に見せるような客観的な対象はありません。言葉の裏に張り付いているのは，「動く感じ」という〈動感〉です。

だから，〈コツ〉を教えてもらっても，「できない」のは，言葉の裏に隠れている〈動く感じ〉が捉えられないのです。当然そこでは〈コツ〉を支えている〈カン〉も機能していますから，〈勘違い〉をしてコツを使っても上手くできないのです。

「鉛筆を手前に引く」という〈コツ〉を，動感意識を充実させて聞いた人は，動く感じを捉えることができ，〈コツ〉を使うことができます。一方で，「鉛筆を手前に引く」という〈コツ〉を言葉で知るだけでは，実際にそのように動けません。それは，〈鉛筆を動かす加減〉という動感質が〈カン〉によって支えられていることがわからないから，「わかっているけどできない」ことになります。コツがわかることは，自分の運動発生が保証されるのですから，コツが「わかっているけどできない」のは，コツという〈動感意味核〉が発生していないことになります。「鉛筆を手前に引いても，上手く削れない」という場合もあります。それは鉛筆にどのくらいの角度でナイフをあてれば上手く削れていくかという〈カン〉がわからないのです。鉛筆の芯は折れやすいですから，木の軸から鉛筆の芯へと進む中で，〈カン〉によって削る力加減が先取りされます。

このように〈コツ〉は〈カン〉と一対になり，一つの動きかたの中に綜合化して実存していることになります。一つずつ，それぞれの〈コツ・カン〉が身体化しつつ，動感メロディーが奏でられるようになると〈私はそう動ける〉という，確信が生まれてきます。〈できた〉ではなく，〈できる〉という未来の運動の成功確信こそが〈コツ・カン〉の実存を意味します。この〈コツ・カン〉が住んでいる〈身体性〉を持つ運動は，〈貧乏ゆすり〉などの無意識の動作ではなく，始めと終わりを備えている，まとまりのある〈動感形態〉なのです。私が覚えた動感運動は，自己運動として，〈できる〉という未来予持への〈確信〉を生みだします。その確信を生みだすのが〈コツ・カン〉であって，「私はそう動ける」という自覚される「できる意識」は，不可疑性を持つ主観的〈原事実〉です。ところが，〈先構成〉される動感形態が「そう動ける」という〈できる〉確信を生むという程度の理解では，〈動感形態〉と〈コツ・カン〉の区別がややこしくなります。

私たちが運動を覚えようと努力しているとき，〈コツ〉や〈カン〉という身体知により「何となくわかってきた」「できる気がする」という意識が自覚されていきます。そこで先構成される動感志向形態そのものが〈コツ〉や〈カン〉ですが，それは，まだ運動の成功に至らないままの空虚表象の意識です。つまり，すでに先構成されている〈空虚表象〉が充実に向かっていることになります。「コツの足音が聞こえる」[*146]とか「カンが働き出しそうだ」と自覚される動感意識には，先構成されている空虚形態の〈直観化〉という原理が胚胎されていることになります。その鍵を握っているのが〈コツ〉や〈カン〉の〈直観化〉の働きなのです。さらに,そこに「そう動ける」という動きかたの価値意識が絡むから，技をきわめた人間国宝に値する人でも，「まだまだです」と自分の〈コツ〉や〈カン〉の身体知を限りなく追い求めることになります。

§ 62　動感メロディーを直観化する

私たちの〈動感運動〉は，動きつつその感覚質が過去把持へと流れていきます。運動が終わったときに，自分の動感を振り返ってみると，力を入れたり抜いたり，いろいろな身体の感じを捉えることができます。それは部分部分の動感意識の集合体ではなく，一つの〈動感メロディー〉というゲシュタルトの構造を持っています。同じ運動を繰り返していても，「今のはスムーズに動けた」と動感評価を行うのは,〈先構成〉されている動感メロディーと，いま動いた動感メロディーとが〈今統握〉の中で摺り合わされている動感意識です。フッサールが，各音の連続がメロディーとして捉えられることは，「今の意識と過去把持的意識から作らされ構成された作用は時間客観の十全的知覚」[*147]といい，「最後の音が鳴り終わったとき，一つのメロディーとして知覚される」というのはこの意味です。同様に，私たちがある運動を行ったときも，次つぎと動感質が過去把持されながら，最後の動感質が生き残ったとき「メロディー化された動感形態」が捉えられるということになります。私たちが自覚できる動感形態は，一般的には〈動きのリズム〉を伴った動感意識流として自覚されることになります。

*146 金子明友（2002）:『わざの伝承』 明和出版　480 頁
*147 エドムント・フッサール／立松弘孝訳（1982）:『内的時間意識の現象学』 みすず書房　52 頁

音楽の譜面には，五線の上に音の強弱を表す記号が付されています。曲を演奏するとき，記号に合わせて強弱をつけるからリズム化されたメロディーが奏でられます。私たちの運動も力動的な緊張と解緊を伴って，運動がリズム化されています。このリズム化され，メロディー化された動感形態につける符号が〈コツ〉や〈カン〉と考えてもよいでしょう。一つの動感メロディーにはたくさんの符号としての〈コツ〉や〈カン〉が記されているから，習練を重ねるうちにその多くの符号は綜合的に統一化され，最後に心地よい動感メロディーを奏でる符号だけが身体化されて身に付くことになります。

コツやカンをつかんだ人は，「ここでこんな感じで身体を動かすのがコツだ」と語るのですが，それは自分が構成した志向形態が動感メロディーとして心地よく奏でられる，リズム化された符号を指していると考えられます。コツやカンは動感図式をメロディー化する中に実存しているので，それを教えてもらっても，本人が動感形態をメロディー化ができなければ，自ら動くことはできません。音楽メロディーで，〈ff〉［フォルテシモ］の記号のところだけ，極端に強く奏でればメロディーは解体してしまいます。同様に，動感メロディーを壊すほど意味を強調すると，運動全体が崩壊してしまうこともあります。

これから行おうとする運動の前に「コツを意識する」というのは，先構成されている受動世界に実存する志向形態を〈メロディー化〉し〈充実〉させる働きを持ちます。能動志向性としての〈コツ〉の意識と，反省に先立って受動世界で構成されている志向形態は〈基づけ〉の関係にあります。自らがコツを意識することは，コツが受動世界の中で充実に向かうことを意味します。コツの意識は受動世界の動感形態に先構成されているから，これから行おうとする志向形態がメロディー化される可能性が生みだされるのです。その譜面にあたるメロディー化され，先構成された動感形態とともに，私の動きつつある動く感じが過去把持につなぎ止められていきます。運動が終わったあと，「思い通りにできた」というのは，先構成されている志向形態のメロディーと，たった今〈直接経験〉した動感メロディーの合致を意味することになります。先構成される私の動感形態はメロディー化されるのですが，そこには動感メロディーを奏でるための符号がいくつも付されることになります。だからコツやカンは動感形態にいくつも先存在しているのです。それぞれの符号は身体化され，最後にメロディーを心地よく奏でる〈鍵となる符号〉が，能動的志向性に浮かび上がり，「コツをつかんだ」「カンが働いた」という意識に自覚がもたらされるのです。それはやがて習慣化されると，意識的な符号をつける必要もなく，コツもカンも意識しないでも〈できる〉ことになります。

プロゴルファーがミスショットをした後，その場で自分のスイングのミスを確認することがあります。打つ前には素振りをしながら，先構成されている動感図式に〈生化〉を施し，コツとなる動きの感じを顕在化させています。それにもかかわらずミスをしたときは，ただちにコツの確認をして次のミスを引き起こさないようにコツの修正を施すようです。

コツやカンの言表は困難をきわめますが，言葉に発しなくとも，動きの感じがコツ・カンですから，運動前や運動後に〈動く感じ〉としてコツやカンを確認することができます。運動する前にコツやカンを〈生化〉し，運動が終わった後，自分の動感質を振り返り，確定化しておくことが大切なのです。ところが，自らのコツやカンを確認ができる優秀な技能を示す選手でも，それを他人に伝えられなければ，その技能を伝承することは困難をきわめます。教えようとしても自分の動感質について何も語れず，目の前でやってみせるだけでは，相手が覚えられる保証もありません。動感質を伝える術（すべ）がないと，次世代にその技能は伝承されることもなく，本人とともに墓場に入ってしまうことになります。自らの動感形態は，自らが捉える動感意識でしか確認できませんが，他人にその動感を伝えようとしたとき，〈コツの言語化〉はきわめて重要な意味を持つことになります。

§ 63　コツやカンが消えてしまう

私たちの運動は「予めどのように動くか」が受動世界の中で〈いつもすでに〉先構成されています。自分が関与しない無意識の世界で運動が先構成されているということは，科学的思考では意味不明な戯（ざ）れ言でしかないようです。私の意識が物質身体を支配しているから「思うように動くことができる」という科学的思考は根深い力を持っています。体操競技の練習中に「技が狂う」ということがあります。先ほどまで問題なく技を行っていたのに，急に「わからなくなった」「どう動けばよいのか」と言い出し，最悪の場合「まったく身動きがとれない」窮地に陥ります。

技が狂った選手は，たとえば跳馬である技を行おうと助走をしようと思っても「足が動かない」という信じられないことに遭遇します。外部視点から観察する人にとっては，きわめて不思議な情況で，「なぜ走らないのか」という程度にしか見えません。一歩踏み出すとすぐに止めてしまう情況は,「やる気がないのだ」と叱咤激励しても改善には至りません。自らの意志で運動を支配できると考えても，「跳馬を跳ぼう」とする意志はあるのに，自分の身体が〈動かない〉という現実は説明できません。「助走をする」というだけの課題であれば，走ることはできても，「跳ぶ」ということが課題として求められると助走すらできないのです。科学的思考に慣らされた私たちは，このような問題はメンタルトレーニングへと誘われてしまいます。ところがこのメンタル面がその運動技能を保証しているわけではないので，「やることはできたけど失敗した」ときは，自己責任の問題へとすり替わるのです。

最初から受動世界で習慣化され，一度も能動的地平へと浮かび上がらず獲得された技能では，コツを胚胎していても気づくことができません。何も考えずにできていた運動が何かの拍子に狂ってしまい，元に戻そうと「何とか動こう」とするコツに〈当たり〉をつける意識は，同時に受動世界で先構成されている動感形態を爆破させる意識でもあるのです。〈跳馬を跳ぶ〉という課題への意識は，受動世界で先構成される動感表象を解体させる情況と絡み合って，「どう動くべきか」という具体的な動感形態が消失してしまうのです。先構成されている動感形態に「何かいつもと違う」という違和感を感じても，すでに習慣化されたコツやカンが受動世界に実存していても，自分が関与できないこともあるのです。闇雲にコツやカンに当たりを付けようとすると，先構成される動感図式は突然消滅し，動感メロディーを奏でられなくなってしまうのです。

そのような危機に追い込まれた選手でも，たとえば，試合などで「何も考えられない情況」に追い込まれると，再び先構成される動感志向形態が生化することがあります。追い詰められた〈潜在的情況意識〉は，自らの動きへの不安を押しつぶしてしまうこともあります。コーチがこのような深層の潜在意識を見過ごし「試合になればできる選手」と勘違いすることがあります。選手自らが能動的に命綱としてのコツやカンを捉えていないことを，コーチは見逃してはならないのです。

ここで改めて私たちの運動が予め受動世界において先構成されているという，現象学における動感志向性に注目することになります。〈志向性〉とは「何かに向かっている」という，すでに生じてしまっている関係性そのものを意味し，無意識に何かに向かっている場合を「受動的志向性」と呼び，何かに向かっていること自体が自己意識されている場合を「能動的志向性」と呼ぶことになります[*148]。その上で，受動的志向性と能動的志向性は〈基づけ〉の関係を持つことになります。

私たちは何か運動を行う前に「できる気がする」「できる気がしない」という自覚を持つことがあります。運動を行う前の〈気配感〉はコツやカンの消滅を解明する手がかりになります。ある運動を実際に行おうとするときは，すでに受動世界で動感形態が先構成され，能動世界へと浮かび上がり自覚されることになります。「できる気がする」「できる気がしない」という予期意識は，受動世界で先構成される動感形態の様相変動が意味されています。だから，跳び箱を跳ぼうと思っても「できる気がしない」子どもは，先構成される動感形態に何らかの問題が生じていることになります。

コツやカンが自覚される能動的な意識は，受動世界と〈基づけ〉の関係にあります。受動世界で先構成される動感空虚表象が充実して，〈意味核を持つ動感形態〉が能動世界に浮かび上がり，それを私が意識することになります。それは，単純に「コツを意識的に念じると，受動世界の動感形態が充実する」という〈意識の奴隷〉[*149]による因果関係を意味しているのではありません。私たちが〈まぐれ〉で運動ができたとき，再び同じ成功に導きたいと〈コツを考える〉と逆にまったくできなくなってしまうことがあります。コツがたまたま紛れ込んでできたのが〈まぐれ〉ですから，能動的志向性の中で，闇雲に〈コツ〉に当たりを付けようとするのは，受動発生する動感形

*148 山口一郎（2011）：『感覚の記憶』 知泉書館 47頁
*149 M. メルロポンティー／竹内芳郎・小木貞孝訳（1970）：『知覚の現象学Ⅰ』 みすず書房 233頁

態を混乱に巻き込むことも珍しくないのです。

§ 64　コツとカンの関係に注目する

自分たちが運動を行う前に受動世界で「どう動くか」で構成されている動感形態を，「電車を運転する」という例で考えてみます。駅に停車している電車の運転席に座れば，そこから線路が見えます。これからどこの駅に向かうかは，あらかじめ運転手は知っています。計器を確認し安全確認を行えば，電車を走らせることになります。私たちの運動も，同様に受動世界の中で無意識のうちに，このような営みを行っていると考えられます。計器の確認は，動くための〈コツ〉の確認で，前方の線路の安全確認は，情況に向けての〈カン〉の確認と考えます。その準備が整うと電車を走らせるわけですが，「コツ・カンが消える」ことは，この準備の段階に問題が生じることになります。

たとえば，突然前方の「線路が消えてしまう」というカンに問題が生じると，「どこに向かって走ればよいかわからない」から出発できないし，カンとして「線路が見えても」コツとして「電車が動かせない」ときは電車は進みません。先構成される受動世界の動感形態のコツとカンが充実していれば，向かう先の線路が見えて電車が動かせるので，運動前に「私はそう動ける」という未来予描の確信としての動感意識が自覚されます。

そのような中で，時刻通りに目的に向かって電車を出発させると，移り行く景色の中でさまざまな情況に遭遇します。〈今・今…〉と前方の景色をカンで捉えながら，速度を上げたり緩めたりとコツで調整します。実際の電車は，前方の危険を察知すると中央司令室が信号機を赤にして停車を命じます。私たちの運動は中央司令室がありませんから，迫りくる危険を自分で察知し停車することになりますが，それは運動を中断することを意味します。一方，線路には分岐機というポイントがあり，仮に今の線路の先に危険が迫っていれば，ポイントを切り替えて別の線路を走り，再びポイントを切り替え元の線路に戻ることもできます。優秀な選手は，自分の敷いた線路に分岐機としてのポイントをたくさん持っています。情況をカンで捉え，不測の事態に気づくと，すぐにポイントを切り替え危機を回避します。実際の運動場面では，それは，「途中でしまったと思っても，同時にそれを回避できる」ことを意味します。

マイネルはこのことを次のように考えます[*150]。人間は自分の運動を自動的に同時変容するのであって，ロボットのように型どおりに動き，反応する〈自動機械〉に変容していくことではありません。むしろ人間はどんどん分化して反応できる有機体に変容するのであって，その有機体はあらゆる変化に応じられるのです。きわめて複雑な状態に対しても主体的に負けず〈バランス〉を保ちます。人間が硬直した〈ロボット〉になれば身の破滅になってしまうし，たえず〈可変性〉を備えた，適応できる有機体になれば，あらゆる障害を乗り越えると，いみじくも断じています。つまり，不測の事態を回避できる分岐ポイントを数多く持っていることが，生ける人間の身体運動の本質可能性なのです。

先構成される〈私の動感形態〉と〈今・今…〉と直接経験される動感形態が摺り合わされ，来るべき情況を未来予持で捉えようとカンを投射します。コツをつかんだ人は，電車が動ける状態が確認でき，カンで行き先の線路がはっきり確認できるから「できる気がする」という予期意識が確信されることになります。あらゆる不測の事態を想定して習練することは，行き先の線路に分岐器のポイントを数多く設置しようとしていることになります。「絶対にできる」という確信を持つ人は，〈カン〉という先読み能力によって，〈もし〉という危機を回避するポイントをたくさん用意し，それを切り替えるコツをいつもすでに獲得していることを意味します。不測の危機をカンが察知すると，同時にコツがポイントを切り替え，再び元の線路に戻ることになるのです。

§ 65 情況を見抜くカン能力に問いかける

すでに述べているように，コツというのはカンと表裏一体として，私たちの動感形態を構成していることになります。その場合の，〈カン〉は伸長能力，先読み能力，情況把握能力という 3 つの領域を持つことになります[*151]。伸

*150 クルト・マイネル／金子明友訳（1981）:『マイネルスポーツ運動学』 大修館書店 409 頁
*151 金子明友（2002）:『わざの伝承』 明和出版 500 頁

長能力としての〈カン〉は，生理学的身体としての皮膚の輪郭を超えた，私の動感身体の広がりを意味します。そこでは，〈徒手伸長能力〉と〈付帯伸長能力〉が示されることになります。

椅子に寄りかかって机の前の本棚の本を取ろうとするとき，私たちは一度手を伸ばして本に手が届かないことを確認してから，前屈みになって本を取ることはしません。私の動感身体は椅子に座ったときから，自分を取り巻く情況に向かって徒手伸長能力を投射し〈カン〉が機能していますから，椅子に寄りかかって本を取ろうしたとき，遠くの本であれば腰を持ち上げるし，近くの届きにくい本であれば前屈みになります。「腰を持ち上げる」「前屈みになる」という異なった動きを生みだすのは，徒手伸長能力としての〈カン〉の志向充実を意味します。一方で，私の動感身体は〈生ける身体〉ですから，少し手を伸ばせば届きそうな新聞でも，疲れているときは「私にとっては，遠くの新聞」なのです。だから「新聞を取って」と頼むと怪訝な顔をされることになるのです。

私の動感身体の伸長志向性は，道具までも身体の一部として取り込むことになります。テニスプレーヤーはラケットはすでに自分の手の延長であり，ラケットを身体の一部として取り込んだ選手は，ラケットのどこにボールが当たるかまで感じとります。このような動感身体の伸長志向性は能力可能性を含意していますから，誰でもはじめからそのような動感感覚を持っているのではありません。初心者のドライバーが，道路に駐車してある車の横を通れないで困っているとき，それを見かねたベテランのドライバーが運転を代わると，問題なく通れることがあります。それは車を自分の身体の一部として捉える〈付帯伸長化能力〉というカンの能力差となります。ベテランのドライバーは車の輪郭を自分の皮膚の表面のように，はっきりとカンで捉えていますから，たとい１㎝の隙間でも感じとれます。ところが，初心者のドライバーは車の輪郭が正確に動感能力で捉えられませんから，30㎝の隙間があっても車が接触すると〈カン〉が判断してしまいます。

先読み能力としての〈カン〉は，可能性を持つ種々の動きかたや関わりかたの中から，決定的な唯一の動感図式を選び出し，それを実現に向けて，決断と承認を先読みできる動感能力です。たとえば跳び箱を跳ぶとき，遠くにある踏切板を見ながら，先読み能力としての〈カン〉によって，〈踏切り〉の実現を予描できます。先読みの〈カン〉は，助走の最中に「足が合わない」という動感意識を自覚させつつ，足を合わせる〈コツ〉が機能します。先読み能力の鋭い人は，踏切板までまだ距離があっても，「足が合う」という確信を持ち加速できることになります。この〈カン〉の鈍い人は，勢いよく走ることを拒み，探るような助走をすることになります。

固定的な対象と自らの運動との物理空間を埋め尽くす，先読み能力としての〈カン〉の一方で，「変化する相手の動きを読む」という先読み能力にも注目しておかなければなりません。剣道の試合では，一定の距離を保ちながら試合が進みます。「いつ相手が打ってくるのか」という動きを先読みする能力が求められます。面を打つことが相手に先読みされれば，一瞬の隙に胴や小手を打たれてしまいます。お互いが先読み能力として〈カン〉を投射して，ほんの少しの隙を探す膠着状態でも，お互いのカン動感は生き生きと動いているのです。球技にフェイントが成立するのも，私たちの先読み能力としての〈カン〉が機能しているからです。私の動感形態は別のことを企てているのに，それとは違う〈見せかけの動作〉を行うことによって，相手がそれに対応してしまうのがフェイントです。だから〈欺きを見破る〉先読み能力が鋭い人にはフェイントがかからなかったり，逆に先読み能力があまりにも鈍い人は，動作の意味が読み取れませんから，フェイントにかからないこともあるのです。幼稚園児にフェイントを行っても何も反応がないのは，まだ〈動きの意味〉を感じとる能力が発生していないからです。

情況把握能力としてのカンは，周界情況との交流の中で〈情況との関わりかた〉を生き生きと感じられる能力です。サッカーやバスケットボールなどのボールゲームで，相手や自分の仲間の動きの情況を読み取り，自分がどう動くかを決断するために〈カン〉は不可欠の能力となります。ボールコントロールが上手なサッカー選手でも，どこにパスを出せばよいのかという情況判断ができないのでは役に立ちません。試合ごとのゲーム情況は異なり，同一の場面は二度と現れません。対戦相手が同じでも，選手がまったく同じ位置で同じ情況にいることはありませんから，このような情況は〈シンボル化〉して捉えることになります。このシンボル化された情況判断能力が競技力としてきわめて重要だから，球技では練習試合を数多くこなすことになります。練習試合を数多くこなすことで〈シンボル統覚化能力〉が磨きあげられるのですが，試合数の多さと情況把握能力の高さを単純な因果法則で結ぶことはできません。さらに踏み込んだ〈シンボル統覚化能力〉を磨き上げる練習方法を考えることがきわめて重要になってくるのはこの意味です。

§ 66　コツとカンは同時発生する

日常生活レベルの身体知の営みは，意識にも上らず，〈したい－できる〉という情況にあります。私たちは「歩こう」と思って歩くのではなく，「そこへ行こう」と思えば足は動きますし，「急いでそこへ行こう」と思えば足は独りでに〈走る〉という動きになります。目的に合わせて，自分の身体は自由に動き，〈動きかた〉そのものに意識して注意を向けることはありません。そのような気づかない身体知の営みでも，たとえば直立不動で立っているとき，足の裏に意識を向けると，前に体重がかかると足の裏はすぐにそれを察知して，足の指に力が入ることに気づきます。少しでも体重が乗る位置がずれると，そのつど足に力を入れて直立不動を維持しています。しかし足の裏に注意を向けていないと，バランスをとっている身体知の奇妙な営みには気づきません。足の裏に意識を向けて，普段では気づかない身体知の営みに気づけるのは，洗練化位相の最高位に位置づく〈意識することから解放される〉自由さを獲得していることになります。このような意識から解放された自在化の層位にある運動は，まさに別の人格がバランスをとっているような錯覚さえ覚えます。

ところが，倒立静止を覚えようとするとき，何とか倒れないように手の指に力を入れてバランスをとろうと頑張ってみても，直立のように簡単にバランスがとれません。倒立位での身体の傾きに気づいたときには，もはや手遅れで倒れてしまいます。何度も習練を重ねていくと，身体の傾きに気づくのがだんだんと早くなり，指に力を入れるだけで直立位のようにバランスをとることができるようになります。倒立静止ができる人の指の動きを観察すると，ほんの少しのバランスの崩れを身体が察知すると同時に，指に力を入れてバランスを保ちます。倒立位での身体の不安定な状態を察知する〈カン〉

と，指に力を入れてバランスをとる〈コツ〉が表裏一体となると，倒立静止に成功できるようになります。コツとカンが一体化して位置移動が生じないのですから，倒立静止を外部視点から科学的に分析しても，倒立が止まるという身体能力は発生しないのです。

シャープペンシルの芯を少し長く出して字を書こうとすると，芯が折れないように独りでに筆圧を弱めますから，書かれた字は薄くなります。芯を長く出した途端に，〈芯が折れる〉という気配のカンが働き，折れない筆圧をコツが同時に働きます。科学的分析でこれを客観的に捉えれば，そこでは，芯が紙面に当たったその瞬間の〈芯の撓み〉情報と〈芯の強度〉情報により筆圧が決定されると説明されます。その前提として，事前に芯が折れる強度を測定しておかなければなりません。実験で芯が折れる強度が何度も確認され，未来の予測へとつながることになります。しかし，その科学的な予測情報が〈身体化〉される方法は不問に付されたままです。

私たちは車が走ってくるかどうかを確認して道路を渡ります。遠くに見える車を見ながら〈渡れる〉という確信が〈道路を渡る決断〉を促します。車がこちらに来ることの先読みの〈カン〉と，自分が渡れるという動きの〈コツ〉が生き生きした統一態になっています。その人間の営みを科学的に分析して，車が行き交う道路を渡るロボットを作ろうとすれば，まず車までの距離と時間を計測して速度を導き出します。測定した車が横断歩道に来るまでの距離と時間を計測したのでは，道路を渡るときには車は過ぎ去っています。だから，横断歩道まで車が来る前に車の速度を求めなければなりません。車を見た瞬間という時刻点は〈静止〉していますから，速度を求めることができません。横断歩道のところまで車が来る前の，起点と終点を決めて車の速度を計算することになります。その結果，「あと何秒後に車が到達する」という〈予測時間〉が導き出されます。この予測時間は，未だ来たらず未来のことなのですが，それを単純に〈原因〉と考えてしまうところに問題があります。

この場合，未来はまだ存在していないのです。存在しない未来に原因を求め，現在に結果をもたらすという科学的予測が問題になります。ところが結果として説明されるべき渡る速度の計算は，原因となる車の到達時間が時間的に先立って〈観察される〉という因果律の矛盾をはらんでいるのです[*152]。ヴァイツゼッカーは，私の運動を方向づける法則的な〈原因〉はまだ全然生じておらず，未来のことであると指摘し，横断する運動を規定する原因はまだ生じていないと断言します[*153]。未来は直接観察される原因とはならず，科学的予測は過去が再現される前提の中でしか行われません。車の到達時間は，車が「一定の速度を保つ」という，計測者が主観的に定義した法則に導かれることになります。科学的な予測が客観的といっても，「一定の速度を保つ」ことは客観的に証明されているのではなく，計測者が主観的に判断したことです。測定した車が急に速度を上げたり，停止してしまえば予測到着時間の計算は狂ってしまいます。それを〈想定外〉といっても，想定したのは科学ではなく人間の主観だからやっかいなのです。

テレビ塔の天辺から一枚の紙を落とし，その落下地点を計算しようとしても，風に吹かれその形を変えてしまう紙は，落下の直前まで計算し続けなければなりません。そこで，物理学者の中谷宇吉郎は「火星へ行ける日がきても，テレビ塔の天辺から落ちる紙の行方を知ることができないところに，科学の偉大さと，その限界がある」[*154]と断じることになります。いまここで主題化しているのは，人間の営みとしての動感能力のコツとカンが〈同時発生〉することであり，〈結果の先取り〉という奇妙な出来事が，プリウスもポステリウスもない「循環形態性」[*155]を維持しているのです。サッカーのゲーム中に，仲間にパスを出すことは，物理時間の未来に向かってボールを蹴ることになります。「どこに仲間が走ってくるか」という情況投射化のカンと「どのくらいの強さでボールを蹴るか」という自我身体中心化のコツが，パスを出す選手の動感意識の中で〈同時発生〉しています。パスを受ける仲間も，「どこにボールが蹴られるか」というカンと「どのくらいの速さで走ればよいか」というコツが〈同時発生〉しています。その関係の中で，未来の一致が起こるのがスポーツ実践の現実なのです。

---

*152 ヴァイツゼッカー／木村敏・濱中淑彦訳（1995）:『ゲシュタルトクライス』 みすず書房　222 頁
*153 ヴァイツゼッカー／木村敏・濱中淑彦訳（1995）: 同上書　223 頁
*154 中谷宇吉郎（1968）:『科学の方法』 岩波新書　89 頁
*155 ヴァイツゼッカー／木村敏・濱中淑彦訳（1995）: 前掲書　24 頁以降

§ 67 コツとカンは同時反転する

このように，私たちの身体運動は動感志向性に潜むコツとカンの〈統一態〉によって，生き生きと動くことが保証されています。カンは単なる論理的判断や想像的な期待とははっきりと区別されます。ドリブルをしてきたサッカー選手は，相手のディフェンスをどのように抜くかを検討するとき，ディフェンスの周りの開かれた空間性に注目することになります。左右にボールを蹴る以外に相手の頭上を越えてディフェンスをかわしたり，股の間を抜く可能性もあります。そのカンの可能性は自分のボールを蹴るコツの能力可能性と統一態を生みだしているのです。たとえば，ボールを上に蹴るという〈コツ〉を持っていない人は，ディフェンスの頭を越えるボールを蹴る選択肢がありません。形式的に考えれば，開かれた空間すべてにその可能性があるのですが，私がそのように動くというときは，〈コツ〉に支えられた〈カン〉しか機能しないのです。だから，カンの裏にはコツがあり，コツの裏にはカンが息づいているという〈基づけ〉の関係が示されるのです。

ゴルフで林の中にボールが入るトラブルに遭遇したとき，プロゴルファーはきわめて多彩な技術で，その状況から抜け出します。打ちたい方向に障害物があれば，ボールを曲げてみたり，上方に 30 ㎝ほどの空間でも見つければ，そこを通してフェアウェイにボールを運ぶこともできます。ところが素人がそのような状況に遭遇すると，たとえば上に 30 ㎝の空間があっても〈無理〉という判断が生まれます。形式的な論理的判断ではボールの直径よりも広い空間はすべてボールが通る道となるわけですが，〈無理〉という判断は「私がそう動ける」という「コツ」に支えられていることになります。つまり，〈コツのないカン〉は発生運動学としては〈カン〉とはいえないのです。カンは「私がそう動く」という具体的な動きを保証する〈コツ〉と一対になっているのですから，〈カンのないコツ〉や〈コツのないカン〉は成立しないのです。そのコツとカンが〈統一態〉となるところに，私たちの能動的な動感意識に浮かび上がる可能性が見いだされるのです。「できる気がしない」のは，情況を先取りする〈カン〉が「そのように動ける」ことを〈コツ〉に問いかけても，その〈コツ〉が答えを返してくれないことを意味します。技が狂うということは「どう動けばよいのか」というコツが消えているので，それに即して〈カン〉も働かなくなっているのです。

いつもいる自分の部屋で急に停電となり，真っ暗闇になったとき，どこに何があるかは想像の中で知っていても，自由に歩くことはできません。このように視覚を通して情況を読み取る〈カン〉の充実に問題が生じると，その〈伸長能力〉が空虚になります。そのとき，同時に触るという手探りの〈カン〉に頼ることになり，同時に〈四つん這い〉という〈コツ〉で移動することになります。

コツとカンは同時に反転化する〈統一態〉だから，「できそうもないカン」の裏には「できないコツ」が一対になっており，「できそうというカン」の裏には「できるコツ」が一対になっているのです。ところが実際には「できそうもないけど，やってみる」というように，カンが否定していても，コツが肯定するというような矛盾に遭遇します。否定と肯定が〈統一態〉をなすという，〈意味ある矛盾〉を抱えているから，生命ある身体運動は〈反論理〉に満ちた深層の中で行われているのです [*156]。

スポーツ指導場面では，このようなコツやカンが上手く働かない学習者に，指導者がどのように関わり，「運動問題をどう解決するか」が決定的な意味を持ちます。そのような営みを，発生を促すという意味で〈促発指導〉と呼ぶことになります。それは，具体的に動く本人の動感世界に潜入し，コツとカンを捉えて運動問題を解決していくことになります。実践指導場面でコツやカンを教える促発指導は，〈観察〉〈交信〉〈代行〉〈処方〉と 4 つに体系化されています [*157]。指導場面に照らし合わせていえば，運動を教えるとき学習者の運動を〈見る［観察］〉ことから始まり，本人が何に困っているのかを〈聞く［交信］〉ことを意味します。さらに「どうしたら問題が改善するか」を指導者は〈考える［代行］〉ことになり，最終的には何らかの指示を出し〈教える［処方］〉ということです。これは特別に新しい理論ではなく，昔から行ってきた指導の分析手順です。そもそも運動学は実践で経験的に積み上げてきた成果の事実を本質直観として現象学的に捉えたのですから，実践経験

*156 ヴァイツゼッカー／木村敏訳（1995）:『生命と主体』 人文書院 95 頁
*157 金子明友（2002）:『わざの伝承』 明和出版 514 頁以降

に即して実存する主観的な意味発生の内容が解明されることになります。逆にこのような実践経験の成果を「客観性に欠けている」として排除したのがいわゆる戦後のスポーツの科学的運動分析なのです。この二つの運動分析，つまり科学の運動分析と現象学的運動分析はまったく別種の理論体系であることを見逃してはなりません。

§ 68 生徒の動感感覚を探る

空には鳥や飛行機が飛び，道路には車や自転車が走り，街では人が行き交っています。このように私たち日常の生活世界で〈運動〉を目にしないことはありません。ですから，私たちが〈他人の運動〉を見るときには「向こう側にある対象を見ている」と一般に理解します。ところが，指導者が動く感じの〈促発〉を試みるときは，単に「向こう側で動く物体」という観察の態度ではありません。見る意識は，志向性原理に従いますから，この場合は，指導者は，「タイミングが違う」「力の入れ方が違う」など〈動感感覚を投射した志向性〉によって細かな指示を出すことになります。それは〈動感志向性〉という意識を通して対象を観察していることになります。指導者が適切な指示を出す〈志の向け方〉は，指導者自らが動いた経験によって蓄積された〈動感素材(ヒュレー)〉を投射する動感志向性によって，相手の動感運動を観察しているのです。だから，過去にそのような運動経験のある人は，そのスポーツをいちども経験していない素人と比較すると，比べものにならないほど運動経過の多くのことを〈見抜く〉ことができるのです[*158]。「体育教師が日常そうしているように，スポーツの運動経過をその現実に行われている姿のまま，しかも目だけで観察し，分析するときには，〈印象分析〉というものが前景に立てられている」[*159]のです。

この〈印象分析〉は単なる主観的な感想ではなく，指導者の〈見抜く力〉としての動感志向性による〈分析能力〉が意味されています。それは観察，交信，代行，処方という促発分析の解釈学的循環によりさらに充実していく現象学的分析なのです。生徒の動感運動を観察しているとき，「何かおかし

*158 クルト・マイネル／金子明友訳（1981）:『マイネルスポーツ運動学』 大修館書店　129 頁
*159 クルト・マイネル／金子明友訳（1981）: 同上書　127 頁

い」とか「違う」という違和感を感じることは，〈いつもすでに〉自分の動感志向性は生徒の動感問題をつかみ始めているのです。別の人が見れば特に違和感もない場合もありますから，誰もが共通に捉えられる〈印象〉ではなく，能力可能性に依存していることになります。さらに，生徒たちの受動的動感運動から直接的に与えられる感覚印象に反省分析をかけ，能動的地平に浮かび上がらせて動感問題を顕在化して捉えることになります。やがて，動感指示を出す指導者と，それを動感志向性で捉えようとする生徒との〈あいだ〉に架橋が成立し，それは教師と生徒の〈対化〉の営みとなるのです。「コツを教えてもらった」という現実がありますが，一般的には個人の主観的な〈動感感覚〉が，他との共通性を持つはずもないと理解されます。そこでは，他人の動感世界に立ち入ることは〈自他の区別がなくなってしまう〉という難題が示されることになります。「コツを教えてもらった」という，他人に〈動感感覚〉が発生する現実はあるのですが，それは現象学における〈対化〉によって説明されているのです。

競技選手の場合は，「コーチは何を伝えたいのか」ということを，「自らの動感志向性を投射して聞く」という態度が，運動問題の改善へと向かわせるのです。だから指導者の指示を聞いて「よくわからない」という表情や仕草が読み取れると，それは選手の動感志向性がまだ〈空虚〉であることを意味します。そこでコーチは〈借問〉を重ねて，「何かよくわかっていないようだね」と捉えるように，指導者は選手の動感志向性の充実に向かう〈触発化契機〉を探ることになります。そのようなやりとりの中で，選手が「何となく意味がわかってきた」と感じたとき，それは指導者が伝えたい〈動感意味核〉が選手の受動地平に発生しつつある兆候として，新たな統覚化に目覚め始めたことを意味します。受動世界における〈動感統覚化〉の営みが能動的志向性への兆候を示し始めると，選手の動感意識は「何となくわかる気がする」位相に入ることになります。

ここで取り上げられている〈借問〉は「ちょっと尋ねてみる」という浅い意味で捉えるものではありません。相手の受動地平の動感感覚をえぐり出すように，たたみかけて何度も聞いていくから，周りは〈禅問答〉のようにも聞こえることがあります。「他人の動感世界がわかる」というきわめて非科学的な深層位は，超越論的世界におけるきわめて厳密なモナドロギーとして，〈間主観性〉という十全的明証性を得ることになります。ですから，形式的で有効な指導方法をレシピとして伝えたとしても，そこで指導者の動感促発の能力可能性はまったく問われることがないのです。それは，「選手に丸投げの自得の方法論」と非難されても仕方がないようです。

§69　動感志向性を見るとは何か

運動ができるために「見る」という観察問題は，動感志向性が直接絡んでいます。授業で目標像のビデオを見せるとき，生徒がビデオから何を見抜いてくれるかを「見る側に立って」考え，さらに判じ絵の答えを教えるように，「どこをどう見ればよいか」について先生は指示を出す必要があります。ビデオを見せることは生徒の〈動感志向性〉を誘いだすために使われるのだから，そこに同じ動感志向性を持つ体育教師が〈動感仲間〉として共に居合わせていなければなりません。それもしないで，ただビデオを見せて練習させるだけなら体育教師は必要ないのです。多くの映像メディアを使った体育授業が有効だという風潮がありますが，そればかりに躍起になって生徒の動感志向性の問題を放置していると，教師の仕事は映像機器で代用できるといわれてしまいます。運動課題を習得させるためにビデオ映像を見せるのであれば，生徒の動感志向性を〈触発化〉できる能力が教師に問われることになるのです。できない生徒たちを〈どうにかしたい〉と心を痛める，〈子どもたちと一緒に悩み考える教師〉の営みこそ，まさに運動学習指導の起点であることを再認識する必要があります。

私たちは，〈見る〉ことや〈見える〉ことが普通で，それに疑いを持たなくなっていますが，視力を失った人が手術によって見えるようになった，開眼手術後の視覚体験は私たちの常識を覆してくれるようです。その体験手記では，

> 「ずっと遠方を見ていると，同じ道でも，同じ幅の道でも遠くに行くほど細く見えていく，そういうことが私にとっては本当に驚きでした。というのは，ある写真を先生に見せていただいた時に，「これは何ですか？」と聞かれて，私は先の方が尖っているように見えたので，最初は「山です」っ

て答えました。しかし先生は答えを絶対におっしゃいませんので「あーそうですか」という感じで，その場はそれで終わりました。

このような状態がしばらく続き，ある日，道を先生方と一緒に歩いて線路のところを渡り，踏切のところで「ちょっとここに立ってごらんなさい」といわれました。私はじっと見ていましたら，急に以前に実験で見た写真のことが頭の中に”わっ”と浮かんできて，「あーこれはあの時の写真と同じじゃないですか？では，あの写真は線路の写真だったのですか!?」って答えたのです。

それまで先の方へいく線路というものは，私の頭の中では平行線で，どこまで行っても同じ幅でズーッと続いているものだとばかり思っていたのですが，実際に見ると，やはり先の方が細く見えることをこの時はじめて発見したのです。このようなことは夢にも考えなかったことなので，そのときはじめて”あーこれ，こういうことがわかるのが見えるということなのか”と気づき，“見える”ということがこの時，おぼろげにわかったような気がしました。」[*160] と綴ってあります。

通常，線路は視覚という感覚で先に経験し，後から平行という概念を学んでいきます。ミュラー・リヤーの錯視図形はよく知られていますが，「どちらが長い」と聞くと，一方が長く見えるのですが，この錯視図形を知っている人は「同じ」と答える場合があります。実際に見える感覚では長さが違うのに，「本当は同じ」というように，直接与えられた経験を否定する態度を持つことになります。動感促発分析において相手の動感を聞き出すときに，同様の問題が絡んできますから，指導者という人間への信頼性が重要となります。

巷間で「名選手名コーチにあらず」とささやかれるのは，自らの動感経験に反省分析を怠り，〈できる〉という結果だけの〈後光〉で指導ができると勘違いするからです。自分の運動の〈動感観察〉を始原としながらも，他者の〈動感形態〉を読み解くことはそう簡単ではありません。学習者の動感形態を観察したところで，そこに向けての動感志向性は自らの〈動感素材（ヒュレー）〉が

*160 鳥居修晃／望月登志子（1992）：知覚と認知の心理学 1 『視知覚の形成 1 開眼手術後の定位と弁別』 培風館 263-264 頁

直接に関わるから，他人の動感そのものを観察していることにはなりません。自らの動感志向性が観察している学習者の動感形態に違和感があっても，それに指導者自らが超越論的な志向分析を行わないと，自らの動感経験の枠組みで捉えている〈類推〉にしか過ぎません。その程度の地平分析の結論は「コツの押し売り」となりますから，相手に新たな動感の感覚質が発生するはずもありません。それに業を煮やし「何でできないのか」と叱責しても，学習者は「何でできないのかがわかれば，指導者に聞くこともないし，こんな苦労をしていない」と心の中で独り言をつぶやきます。

第Ⅶ章

動感発生の道しるべを確かめる

§ 70 競技は固有な身体能力に支えられる

私たちの競技スポーツは，それぞれ異なる動きかたの意味と価値を持っています。それらの本質的特性から，〈測定競技〉〈評定競技〉〈判定競技〉という3つの領域に区分されます。〈測定競技〉はその身体運動の結果を物理時間・空間で測定し勝敗を決定づけるものです。陸上競技の走領域では，一番速くゴールに入れば，たとい滑稽な〈走りかた〉でも，測定結果を覆すことはできません。その物理時間の測定は，最終的には時間を空間化して写真判定によって勝敗を決定することになります。

〈評定競技〉は測定競技と対極に位置づけられ，フィギュアスケートや体操競技に代表されるように，その〈演技のできばえ〉を採点し，合計値を算出して勝敗を決定する競技です。当然，誰よりも物理的な高さのある宙返りを実施したところで，その〈できばえ〉に体操競技で求める〈動きの価値〉が認められなければ採点結果は低くなります。評定競技は動きの感覚質の差を数値で表示しますが，測定競技の計測結果の数値とは意味が異なります。仮に体操競技の得点で，0.5の差で勝敗を分けたとしても，0.5という数値は，測定された時間や空間を示しているものではありません。それは，動きの感覚質の違いをいくつかの視点で採点し，採点規則上でその違いに〈数字という符号〉を与えたものです。

このような両極に位置づけられる〈測定〉と〈評定〉の中間に位置づくのが〈判定競技〉です。それは，レフリーの主観的判定が介入して，ゴール数とかポイント数を加算して勝敗を決定する特徴を持っています。たとえば，剣道では竹刀が面に当たれば〈一本〉という単純な物理的な判断だけではありません。そこに審判員が〈面〉として「技が決まったかどうか」という，動きの価値意識という判断基準も絡んできます。そこには〈残心〉という日本独自の，精神的文化から生みだされた価値判断も入ります。スキーのジャンプは飛型点と距離という二つの視点から判定しますし，サッカーでも単にボールがゴールに入ればよいのではなく，オフサイドやファウルなど，審判がその得点の入れ方が有効かどうかを同時に判定します。最終的に量的結果が勝敗を左右するとはいっても，そこに運動の価値意識による判断が絡むのが〈判定競技〉となります。

競技スポーツは，その本質的特性から三競技の領域に分けることができますが，どの領域でも，よい成績を収めるためには身体能力の向上が不可欠であり，〈動きかたの習得〉が習練の主な対象となります。小学校の「かけっこで一番速い人」がそのまま練習を続けていても，短距離走の名選手にはなれるはずもありません。本格的な短距離選手を目指すのであれば短距離走の〈走りかた〉を覚えなければなりません。同じ〈走る〉競技でも長距離走には固有な〈走りかた〉があるから，短距離ランナーと長距離ランナーの身体能力も体型もずいぶんと違います。さらに，予選から決勝までのレースをうまく展開していく戦術も絡みますから，単に〈速さを競う〉といっても，〈世界記録〉よりも〈金メダル〉のほうが価値が高いという選手もいます。

よい成績を収めるために，総合的な身体能力を向上させなければならないから，動きかたそのものに強い関心が向き，自らの競技する身体能力の形成に積極的に関わることになります。「どんな感じで自らの身体を動かせばよいか」ということが，日々習練に明け暮れている選手たちが悩んでいることです。自らの身体を思い通りの動きかたに持ち込む〈身体の知恵〉，つまり，身体知の獲得の方法論こそ最大の関心事になります。

§ 71　能動的身体知の形成に注目する

日常生活で〈新しい動き〉を覚えることは，受動身体知による営みがほとんどですが，その身体知はまさに身体に染みついて，〈したい－できる〉という，自由に動ける身体能力として身についています。そこに行こうと思うだけで自分の足は歩き出すし，時間に間に合わないと思ったときには，早歩きや小走りと自分の身体の知恵は次つぎと動きかたを選び出し，即座に実現してくれます。

普段は，それで不自由なく生活できるのですが，私たちのスポーツ運動はその動きかたに〈意味と価値〉を持ちます。逆上がりでも，「どちらが上手か」と動きのできばえを比べて自慢するのです。また，ボールゲームなどでは，情況の意味がその動きの価値意識を支えることになります。ボールコントロールが上手な選手でも，情況の意味が読めずに敵にパスを出すようでは失格です。

芸を覚えたサルが隣のサルを見て自分の芸のほうが下手だからと，自らの芸を磨くことはありません。それは餌をもらえる手段としての芸ですから，それ以上の動きの価値を持つことはありません。ところが，私たち人間は，たとい〈できた〉としても，上手な人を見ると「あのようにできるようになりたい」と自らの動きかたに不満を持つことがあります。新しい動きに価値意識を見つけ，今の自分の動きかたに不満を感じると，さらなる向上を目指し再び習練の道を歩みはじめます。その新しい価値意識に支えられた運動を実施しようとしたときに「思うように動けない」という〈反逆身体〉に再び巡り会うことになります。

意識的な人間の営みとして，動きの価値意識に支えられた反逆身体を克服するためには，私たちは身体知の形成に能動的に関わる必要に迫られます。「どこをどんな感じで動かせばよくなるか」と身体知の形成に反省志向性が関わり，自分の身体と対話を始めることになります。練習仲間や先生からいろいろなアドバイスをもらいながら，自らの身体に新しい動感発生を誘うことになります。そんな身体知の形成の営みの中で「やっとコツがわかった」として，新しい動きかたの発生に出会うことになります。これが私たち人間の獲得する身体知の形成プロセスです。能動的に身体知に関わって，新しい運動を発生させた人は，仲間から「どうやったらできた」と聞かれると私の〈コツ〉を説明することができます。「こんな感じでやると上手くいった」と動きの感じを奇妙ないい回しで表しながら，他人に〈私のコツ〉を伝えます。その奇妙なコツを聞いた人も，「本当だ，そうやると上手くいく」といって，主観的コツが伝承されていくのです。しかし，いくら〈コツ〉だけわかっても，情況の意味を読み解く〈カン〉が悪ければ成功しません。私たちの動きかたはいつも〈コツとカン〉が統一態として一対になって機能しているからで，情況の意味を読み取るカンと，動きかたを確定するコツが綜合的に連合して働くから，他の動物の運動発生から截然と区別できることになります。

そのような営みにおいて，私たちが獲得した動きかたは，他人へ，さらに地域を越えて伝承されていきます。運動を文化として伝承ができるのは，人間固有な身体知の営みによるから，私たちの運動文化は歴史を刻んできたのです。サルが芸を覚えるように，自分たちも「何も考えずに繰り返せばよい」というのも，決して間違いではありません。身体知は自分が関与しない受動世界でもいつの間にか統覚化されますから，そのまま習慣化されれば，独りでに〈できる〉こともあるからです。生まれたときは自由に動き回れない乳児でも，年月とともにいろいろな動きを覚えていきます。親の手を借りて一人歩きに成功し，やがて行動範囲が広がっていきます。新しい動きかたはどんどん習得されていきますから，身体知はまさに言語的思考以前にも機能していることになります。

このような〈自然的態度〉の思考が一般的ですから，素人は，「アスリートたちは莫大な練習時間と量的な反復だけで，素晴らしい技能を身につけた」と勘違いしてしまいます。同じことを反復するのは誰でも苦痛ですから，その苦痛に耐えるスポーツ選手は「脳みそまで筋肉でできているのか」と，その苦痛に耐えられるのは「馬鹿でないとできない」と悪口をいう人もいます。さらにスポーツの科学者までも，受動身体知の形成問題には触れず，練習時間や反復回数に関心を持ち，マネジメントだけで運動発生に関われると勘違いしてしまうほどです。私たちの運動文化は，人間特有の自我意識の関わる〈能動的身体知の形成化〉ができるから，貴重な運動文化の伝承が可能になります。「何も考えずに繰り返して覚えた」という受動世界に埋没したままの身体知では，どんなに高度な技能を有していても，それを伝承するには技を披露する術しかありません。老いて自らの技能を披露できなくなれば，芸ができなくなったサルと同じことになるのでしょうか。

§ 72　動感能力は未来の動きかたを統覚化する

漢字を「覚えた」というときは，「見本の漢字を見ないでも書けること」ですから，「そこに書かれている見本」がなければ覚えることはできません。ところが，運動の場合の「覚える対象は，どこにあるのか」と問うとき，再現映像を示して「それが対象である」といっても，一瞬にして消え去ってしまいます。目標像となる身体運動を映像的に記憶していたとしても，いま動きつつある自らの動きは，映像のように対象化しては見えません。一画ずつ見て比べながら漢字の間違いを見つけることは，身体運動の場合では「自分の動く感じだけで間違いに気づく」しかないのです。ところが，今ここに統覚化した自分の動く感じだけで，比較される動きの感覚印象が存在していなければ，善し悪しの評価もできはしません。

そのような動感意識の発生場面では，さらに「もう少しでできそう」という奇妙な言葉を発することがあります。その言表の裏には，〈できる動感形態〉がすでに構成されていることになります。意識時空間で捉えられた〈もう少し〉という気づきは，やがて統覚化すべき〈できる〉という動感図式との現象学的〈隔たり〉が意味されています。つまり，自分の動感意識の中に〈覚えるべき動感図式〉がすでに先構成され存在していることを否定できないのです。まだ「できたことのない運動」について，「できる気がする」というのは，過去が再現される前提を持つ自然科学では考えられないことなのです。〈過去にない未来を知る〉という，自然科学では考えられない奇妙な出来事こそ，私たちが〈先構成〉と呼ぶ動感形態の本質直観化の内実を意味しているのです。

反逆身体に悩み，試行錯誤を繰り返して身体知を形成する営みは，自分の動きかたを評価することになります。「いま動いた感じがどうだったか」という動感反省は，〈能力可能性〉に支えられた習練によって高められますから，「気づける人は気づけるし，気づけない人は気づけない」ことになります。「違いに気づく」ことは，「何かとの違い」ですから，〈今動いた〉という単一の動感図式が存在するだけでは説明がつきません。現実には，「さっきよりもよかった」とか，「以前に出会った感じに近い」など，複数の動感図式が照合されます。だから，自分の運動を評価するには過去把持の想起が不可欠となります。「さっきの感じ」「たった今の感じ」「以前の感じ」など動感想起能力にすぐれている人こそが，運動を修正したり，洗練化へと磨き上げることができるのです。それは固定化された〈身体能力〉ではなく，〈時間化能力〉として獲得される動感能力可能性を意味するのです。

〈できる〉という動感発生に向かうとき，「身体のどこをどんな感じで動かせばよい」という答えが，はじめからわかっていれば誰も苦労はしません。〈できる〉という成果は，自らの動感感覚の中に生みだすしかないのです。だから運動習得は，〈できる〉という未来の形態発生を導き出すために「コツやカンを見つける」ことになります。座学のテストでは，カンニングして他人の答えを写しても，正解を書くこともできます。しかし，運動習得の場合には，カンニングは不可能なのです。仮にカンニングできて正解が出せる人がいれば，それは〈素晴らしい才能〉になります。というのは，他人の運動を一目盗み見するだけで，自分の動感質を発生させることができるからです。「わざは見て盗むものだ」とか「見取り稽古は大切だ」といったわが国古来の芸道の教えは「非科学的だ」と貶められるものではありません。

運動技能の獲得にたち向かい，〈できる〉という未来予持の確信を得るためには，私たちは受動身体知との対話を迫られます。それは「できる気がする」という能動性の最下層に位置づけられる受容的動感意識から，「できる」とはっきりと確信に満ちた「コツがわかる」レベルには多くの位相があります。受動世界に埋没している身体知は，本来的に自分が関与しませんから，運動を洗練化位相に導くには，それを能動地平へと浮かび上がらせなければなりません。この〈できる〉という統覚化の動感発生の問題は，自己運動としての〈動感志向分析〉によって解明されることになります。スポーツ実践場面で何か「運動を覚えた」という場合，〈できる〉ことを意味します。まだ運動を実施する前に〈できる〉という動感能力の意識分析は，現象学的分析に固有なものであり，未来に原因を求められない科学的因果決定論には不可能なのです。

§ 73　動感発生の道は果てしなく続く

何か新しく運動を覚えようとして練習を始めると，自分の手足が思うように動かないという〈抵抗経験〉に出会います。試行錯誤しながら思い通りに動かそうと苦労をしているうちに，はじめて動きを全体としてメロディー化した〈まぐれ〉に出会います。〈まぐれ〉との出会いは，時間をかけ苦労するほどその喜びは大きくなりますが，〈まぐれ〉の出現は，〈できる〉〈できない〉がまだ渾然未分です。次の試行でうまくいかないと，「なぜ，さっきはできたのだ」と反省することになります。最初は〈運動達成〉という結果だけに強い関心があったのですが，一度〈まぐれ〉に出会うと〈自らの動きかた〉へと関心が移っていきます。今までとは違い，自分の期待を裏切る，自由気ままな〈まぐれ〉の出現に腹立たしさを感じ，〈できる〉という未来の安定した確信を志向することになります。やがて試行錯誤を繰り返しながら，自分の思い通りに〈できる〉鍵となる〈コツ〉を見つけることになります。「コツがわかった」というとき，友達に「次にできるから見ていて」と未来の確信を自慢することもあります。〈コツ〉をつかみ〈できる〉という未来の確信を経験すると，その確認のために何度も〈コツ〉を試すことになります。そこでは「コツが狂った」といって再びコツを探すこともありますが，やがて「コツを意識しなくてもできる」という世界が開けてきます。

このような，運動が習熟していく過程を〈身体知の形成位相〉と呼ぶことになります。マイネルはこの動感形態の習熟のプロセスを3つの位相の中で捉えています*161。それは「粗形態における基礎経過の獲得：運動の粗協調」としての位相A,「修正，洗練，分化：運動の精協調」としての位相B, さらに「定着と変化条件への適応：運動の安定化」としての位相Cということになります*162。〈まぐれ〉の出現が位相Aで,〈コツ・カンの習得〉が位相B, さらに「無意識に動ける」という〈洗練段階〉が位相Cになります。現在の運動学では，熟練へと向かう身体知の形成は，5位相として捉えられています。それは「まぐれ」の出現の位相Aを第一位相とした従来の位相論に対して，「知る」「わかる気がする」「できる気がする」という動感意識の位相性を際立たせたものです。専門語で表せば〈触発化位相〉〈探索化位相〉〈共鳴化位相〉と呼び，さらに〈確定化位相〉〈洗練化位相〉という5位相となります*163。　位相とは，できるようになるのに必ず通り抜けなければならない運動学習の道程や発展段階を一般的に特徴づけていますが，この位相は図式的に，かつ固定的に考えるものではありません。それは個々の位相の間には，決してはっきりとした区分線が存在しないからです。運動の習熟過程は，「昨日は上手くできた」「今日はまったく上手くできない」という繰り返しですが，その中で「何となく前より上手くなった」と後で気づくことになります。「今日はここまで，明日はここから」という明確な区分線を引く「段

*161 クルト・マイネル／金子明友訳（1981）：『マイネルスポーツ運動学』 大修館書店 374頁以降

*162 クルト・マイネル／金子明友訳（1981）：同上書 375頁

*163 金子明友（2009）：『スポーツ運動学』 明和出版 250頁以降

階」とは様相が異なります。

小説を読むときページをめくるたびに，次つぎと新しいストーリーが展開されていきます。寝る前に「今日はここまで」と「しおり」を挟んでおき，次の日その続きから本を読んでいきます。ところが運動を覚えるときは，このように簡単にはいきません。その日の練習が終了し「今日覚えたことはここまで」と「しおり」を挟んでおいても，次の日には，昨日覚えたことをまったく忘れてしまうこともあります。読書でいえば，今まで読んだストーリーを全部忘れて，また最初から読み始めるようなことです。その日の練習中でさえ「さっきできたはずなのに」と忘れてしまうこともありますが，ページを遡って読めば理解できるほど簡単に思い出すこともできません。

この行ったり来たりを繰り返すのが〈運動発生学習〉の世界ですから，明確な区分線を引くことはできません。読書はページをめくりながら最後の結末に感動するのですが，運動の学習はある日突然ページを飛ばして一気に結末を知ることもあります。「うまくできない」未来もあり「突然できる」未来もあるのです。この〈突然の出会い〉の楽しさを経験しているから，「きっとできるようになる」と信じて，動感発生への果てしない道を歩むことになります。

§ 74　なじみの地平は発生基盤をなす

原志向性に支えられた〈触発化位相〉とは，練習場面では，これから覚える運動課題を〈知る〉段階の動感意識を主題化することから始まります。新しい運動を覚えようとするときには，自らの自発的な関心から「知りたい」と思うときもあるし，先生から課題として「知らされる」こともあります。この位相では「どうしたらできるか」と運動課題を積極的に捉える以前の，「嫌な気がしない」「なんとなく楽しそう」と，きわめて心情的な状態を生みだす位相となります。運動課題に感情的に嫌がらず，違和感なくそこに居合わせることのできる〈なじみの地平〉は，運動課題習得への道を〈達成原理〉[*164]へと導くことになります。だから，動感発生への長い道のりへと向かう

*164 ヴァイツゼッカー／木村敏・濱中淑彦訳（1995）:『ゲシュタルトクライス』 みすず書房　36頁

最初の位相に，〈なじみの地平〉を何とか生みだすことが決定的な意味を持つことになります。

新しい運動課題を習得しようとすると，その運動課題に向けて自らの動感経験を投射する動感志向性が働くことになります。それは受動世界で自らの動感地平を構成している蔵（かく）された動感素材（ヒュレー）が関わり，その課題への〈動感親近感〉を捉えることになります。この根源的な動感志向性は，まだはっきりと自覚できないまま，私の意識に「嫌だ」「嫌ではない」「つまらない」「楽しそう」などの心情をもたらすことになります。そこで「嫌だ」「つまらない」というような否定的な心情は，私が運動を習得することを拒んでいることになります。一方で，「嫌ではない」「楽しそう」という心情は，〈なじみの地平〉へと誘い入れるので，これから動感統覚化へと向かうことが「私の身体になじんでくる」ことになります。〈なじみの地平〉に入ってくることは，はっきりと意識に上らないとしても「これから行おうとすることに背を向けていない」ことであって，その地平にいない人は無関心であったり，無視する態度をとったりします。

体育の授業で，生徒が覚える運動課題を実際に行って見せることがあります。それを見て「すぐにでもやってみたい」という〈原衝動〉に駆られる子どももいれば，「やりたくない」という雰囲気を漂わせる子どももいます。この「やりたくない」というのは，自分の動感志向性で具体的に運動課題を捉え，「できそうもないから〈やりたくない〉」という意味の充実ではありません。まだ自分が関与しない，身体状態感や全身感覚などの体感身体知の芽生えとしての「やりたくない」という否定的な気分を意味します。その〈なじみ〉への志向性は覚えようとする運動課題に向けられる可能性だけでなく，それを取り巻く周囲世界の〈雰囲気〉も，なじみの地平として捉えられ，先生に対しても眼差しが向けられていることに注目する必要があります。

幼稚園児は〈近づきやすい先生〉と〈近づきにくい先生〉を全身で感覚的に捉えます。何か遊んでくれそうな雰囲気を漂わせる先生の周りには，子どもは何となく集まってきます。先生は「一緒に遊ぶ」という意識はないのですが，何か子どもに好かれる先生がいることはたしかです。同様に，同じ年齢の幼稚園の先生に対しても，「おばさん」「お姉さん」と園児は言葉を使い分けます。その理由を園児に聞いても，「だって，おばさんだもん」という答えしか返ってきません。子どもは何となく〈なじみやすい〉先生を見分けますが，このような，はっきりした意識に上る以前の心情こそが，やがて覚えようとする運動発生に強く関わることには，一般的に関心が薄いようです。特に幼児期の運動への関心は，大人が驚くほど衝動的です。支離滅裂な衝動に支えられた子どもの行動に，大人は嫌気がさして「やめなさい」と注意することがあります。人間として社会的な規範を学ぶ必要があるとしても，幼少期に大人が好む子どもに作り上げようとすることは，本来的に正しいのでしょうか。この問題は今後，本質的な議論が期待されるところです。

〈或るものへの意識〉としての志向性は，自分が関与しない空虚な中庭を持ち，そこに〈なじみの地平〉が生じます。これから新しい動感形態を発生させようとするとき，そのことに背を向けない「何となく嫌ではない」という〈なじみの地平〉が浮上してくると，幼児たちはその運動課題に積極的な関心を持つようになります。「やる気が起こらない」「無関心」という場合は，なじみの地平にまだ問題があります。そのような子どもを叱咤激励し「やらなければならない」という危機感を煽って，運動課題に挑戦させることがあります。しかし，その原志向性は「動きの違いに気づく」ような能動的な地平へとは浮かび上がらず，運動課題ができたのに「二度とやりたくない」という事態を招くこともあります。「要するに，人はただ自分の愛する人からだけ学ぶものだ」*165 というゲーテの箴言は，人が人を教え覚える世界の基本原理であって，体育指導者養成機関で，この〈なじみの地平〉*166 に共生できる指導者をどのように養成するかという方法論の構築はきわめて重要であり，本質的な問題性を持っています。

体育教師は運動課題を行わせる以前に，子どもたちがこの〈なじみ地平〉にいるかどうかを確認しなければなりません。その場の雰囲気や身体状態感のありようにも左右される〈なじみ地平〉ですから，先生方の工夫がきわめて重要となります *167。子どもたちに嫌われるような先生では，〈なじみ地平〉

*165 エッカーマン／山下肇訳（2009）：『ゲーテとの対話（上）』 岩波書店 202 頁
*166 エドムント・フッサール／ラントグレーベ編・長谷川宏訳（1999）：『経験と判断』 河出書房新社 99 頁
*167 金子明友（2005）：『身体知の形成（下）』 明和出版 159 頁

に誘い入れるのは難しいでしょうし，子どもたちが関心を示すような雰囲気づくりの方法論は現場の先生たちが一番よく知っていると思います。方法論的には学習マネジメント領域との接点を持ちますが[*168]，形式的なマネジメントで解決できるほど単純なものではありません。こうして，〈触発化位相〉の〈なじみ地平〉は，統覚化層位の前提的基盤として，受動発生の起点をなすことが確認される必要があります。

§ 75 動感感覚で〈知る〉とは何か

触発化位相で，これから運動課題を覚えることに向かうのが「嫌でない」という〈なじみ地平〉の発生が確認されると，運動課題に関心を示す準備ができたことになります。そこではじめて，自分の動感経験を投射しながら運動課題を観察することになり，その動感意識は，「知る」「わかる気がする」「できる気がする」という３つの階層を持つ〈探索化位相〉へと入っていきます。

私たちが新しい運動を覚えようとするとき，まず第一にその動きの課題を〈知る〉ことから始まります。学習対象となる運動課題が「どのような動きか」を知らなければ覚えることもできません。〈知る〉という言葉は意味が広いので，運動を覚えるために〈知る〉ということを絞り込んでおく必要があります。たとえば，先生が急に「さあ，練習して覚えてください」といえば，生徒たちは「何を」と聞き返します。主語がないのですから当たり前のことですが，これから練習することが，何かを知らなければ練習することさえできないのです。ところが運動課題を〈知る〉といっても，それは聞いたことのない運動課題の名称を〈知る〉ことではありません。たとえばフィギュアスケートのジャンプで「トリプルアクセル」という技の名前を聞いたとき，「トリプルアクセル，トリプルアクセル…」と何度も復唱することはできます。「先ほど何といった」と聞かれれば「トリプルアクセル」と答えることは，その言葉を〈覚える〉ことになります。その技を一度も見たことのない人でも，言葉を覚えることはできます。しかし，それは運動を覚えるために〈知る〉ことではないのです。運動を覚えるために〈知る〉ということは，単にその

*168 金子明友（2005）:『身体知の形成（上）』 明和出版 199 頁

運動の名称を「知る」ことではありません。また，その運動課題の生理学的効果や力学的仕組みを知ることも，これから運動課題を覚えるために動感感覚で〈知る〉こととは意味が違います。「学習者が知りたいのは運動課題が解決できるのかどうか，どう解決されるのかということ」[*169]であって，回りくどく説明するよりも生身の人間が運動課題を解決している姿を直接見せることが，生徒たちの現実的な要求を満たすことになります。運動を言葉でくどくど言表しても，それからは何も得られないし，決して示範の代わりにはなりません[*170]。運動を覚えようとする人が「知りたい」のは，現実にどのようにして運動課題を解決しているかということです。私たちは新しい〈動きかた〉を覚えるときに，相手の動きかたに共鳴して，直接一気に真似することもできます。模倣ができる私たちの能力可能性が，動きかたの発生に深く関わるから[*171]生き生きした動きの示範は重要となってくるのです。

示範を行ったり，ビデオ映像を見せたり，さらにそこに言語的説明を加えたり，あらゆる方法を使ってコツやカンを伝えて，生徒たちが〈できる〉ことへと向かせようとします。誰でも，どの筋肉を使って自分の身体を動かしているのかを正確に答えることはできません。「解剖学や生理学で消化が進むわけではないし，運動するのを学べるものでもない」という哲学者ヘーゲルの言葉を引用して，それはとうの昔に消え去ってしまったはずの根も葉もない誤った考え方なのだとマイネルは指摘しています[*172]。だから，解剖学的，生理学的知識が乏しいのに，高い技能を示す優秀な選手が少なくないのです。それから半世紀以上経った現代においても，いまだスポーツ科学では，まず運動のメカニズムを〈知る〉ことが前提だと考えてしまうようです。運動は知識で覚えるのではなく，自分の身体を動かして覚えるものです。知識を得ることで「できる」のであれば，まだ言語的思考もままならない幼児などが運動を覚えられるはずもありません。

生徒は「どんな〈感じ〉で身体を動かすとできるか」という課題解決の方法が知りたいのです。運動課題を学ぼうという側に立って考えれば，〈知り

---

*169 クルト・マイネル／金子明友訳（1981）:『マイネルスポーツ運動学』 大修館書店　375 頁
*170 クルト・マイネル／金子明友訳（1981）: 同上書　375 頁
*171 金子明友（2005）:『身体知の形成（上）』 明和出版　352 頁以降
*172 クルト・マイネル／金子明友訳（1981）: 前掲書　43 頁

たい〉ことは〈動きの感じ〉なのです。だから指導者として学習者にどのように「運動課題を知らせるか」は重要な専門的能力となります。体育指導者養成機関では，指導者として「できるようにさせる」能力を養うのですが，運動に関する知識を学ぶことのほうが多いようです。そこで得られた知識は「できるようにさせる」ことと，どのように絡むのかを再確認する必要があります。

運動課題を自分の動く感覚で捉えようとする子どもたちは，これから行う運動課題に関心を持っていますから，先生が示範を示すと「もう一度やって」ということになります。さらに「速くてよくわからなかったから，ゆっくりやって」という要求もあります。子どもたちのこのような要求は，まさに子どもたち自身が有している動感素材（ヒュレー）が共鳴化し始めていることを意味します。子どもたちは何度も運動課題を見ながら「自分の動く感じで考え」，それがどのような〈まとまり〉なのかを探っているのです。その探究心を後押ししているのが運動課題に向かう〈関心〉だから，〈なじみ地平〉はきわめて重要な動感感覚の〈運動基盤〉[*173] なのです。自分の動く感じに探りを入れながら，何となくこれから行おうとする運動課題全体のメロディー化に成功してくると，「わかるような気がする」という〈身体感〉が芽生えます。ただ，それは「何がわかるのか」と質問されても答えに困るような，まだはっきりとしたものではありません。

§ 76　よい示範とは何か

新しく運動課題を覚えるとき，動きかた全体を動く感じで〈知る〉ということから始まります。そのためには「生き生きした示範」として実際にやってみせるのが最も有効な方法です。生きた人間の示範と再現映像を見せるビデオとの違いは，私たちが運動を覚えようとする観察態度としての動感志向性に求められます。私たちが運動を覚えようとして〈見る〉ことは，自らの内在経験を投射して〈動く感じ〉を捉えようとします。そのとき，運動経過の図形的変化を見るよりも，どのようなリズムやタイミングで身体を動かしているかに関心を持ちます。コツの裏にはカンが住んでいますから，その運

*173 金子明友（2015）：『運動感覚の深層』　明和出版　82 頁

動が展開されている，〈地平志向性〉も動く感じを充実化させるために重要です。

テレビではスポーツ番組が多く放映され，家庭で手軽にスポーツ観戦ができるようになりました。実際に競技場に足を運ばなくても，人間が動いているという場面を見ることができるので，直接人間の運動を見る必要がないと感じてしまいます。ところが，スポーツを直接観戦した人は，テレビ観戦と違うと口をそろえて語ります。もし直接観戦することと同じであれば，何も遠くから豆粒程度にしか見えない選手を見に行く必要もありません。直接生身に人間が動く情況で観戦をした人は，まさに「肌で感じる」というように，そこには生き生きとした〈情況〉が実存しているのです。迫り来る敵を躱(かわ)すサッカー選手の技能は，その情況に即して〈意味づけ〉されますから，敵を躱(かわ)す動きだけが問題ではないのです。選手がその危機感の中で，自らの動感身体のコツやカンを駆使する動きそのものに，私たちは共感することになります。テレビ放送では，撮影者が次つぎと撮影場面を変え，選手をクローズアップして注目の選手の動きを放映します。

ところがその背景にいる敵や味方の選手たちの動きは見えません。獲物を狙うライオンの動きかた，タックルしようと追いすがるラグビー選手の姿を映像に捉え，その背景をすべて消し去ってしまったら，ライオンが何をしつつあるのか，選手が何をしようと走っているのかを「推測することはできても，見ることはできない」[*174]のです。マイネルも「すぐれたコーチ（あるいはベテランの選手）は観察した運動経過，特にそのリズム経過をやむにやまれず同時体験しているし，その経過を動きの感覚によって〈中から〉知覚している。こうして教師は力動・時間的分節あるいは空間・時間的分節においても，その起こりうる欠点に対して生徒の注意を喚起することができる。このように動きの共感は実際の指導活動において，また運動の学習過程において，教師にとっても生徒にとっても，運動の認識獲得のきわめて重要な源泉であることは明らかである。」[*175]と，生きた示範の重要性を指摘しています。動感志向性として観察する態度だから，運動共感の実存が捉えられ

*174 ボイテンディク／濱中淑彦訳（1995）:『人間と動物』 みすず書房　30 頁
*175 クルト・マイネル／金子明友訳（1981）:『マイネルスポーツ運動学』大修館書店　176 頁

るのです。だから，示範の意義から捉えれば，〈上手な示範〉だけが〈すぐれた示範〉になるとは限りません。

マット運動の伸膝前転を体操選手が示範を行うと，つま先も伸びてきれいでスムーズな運動経過が示されると思います。それを見ている生徒たちも，その上手な示範に感激して「自分もやってみたい」と思うかもしれませんが，それは「そのようにできたらいいな」という実現とかけ離れた夢のレベルなのです。上手な示範は大切なのですが，それが実際に自分が覚えるべき課題だと，「できそうな気がしない」遠い存在となってしまいます。一方で，自らの専門種目とは違うので，上手ではないけれど運動課題が達成できる人が示範をすると「あんな感じなら，できるかもしれない」ということも起こります。示範とは，指導者の技能を自慢することではなく，学習者がその動く感じを捉える要点を示すことが目的です。指導者養成機関では「学習者のレベルに応じた示範ができる」という技能を獲得する必要があるのです。動感感覚を伝えることが示範の目的だから「できれば教えられる」という単純なことではなく，学習者の動感志向性を触発化する示範に正面から取り組まなければならないのです。だからそこでは，中高の体育の運動課題を習得し直すことではなく「教えるために覚える」授業として，覚える側にわかりやすい示範ができることが求められます。うまくできない人の示範や，技術的に高度に磨き上げられた示範など，多彩な運動課題が設定できますが，「指導者が獲得すべき示範技能とは何か」を体系化する必要に迫られています。

§77 「わかるような気がする」段階に向き合う

〈知る〉という段階は，単に知識として運動を〈見て知る〉のではなく，本人の動感志向性を投射して運動課題を見ることによって，自らの動感メロディーが共鳴することを意味します。それはまだ，具体的に運動を行う以前の動く感じの〈空虚表象〉ながらも，ぼんやりした動感メロディーが捉えられることを意味します。この段階では「わかるけどできそうもない」という動感意識が確認されることもあります。それは，自分の動感感覚で運動課題を捉えようとしても，「できる気がする 」という充実化にまだ至らないことを意味します。新しい運動の習得への〈期待〉や〈関心〉が強い人は，再び運動課題を〈知る〉段階へと戻ることになります。

そこでは，以前よりも強い〈関心〉の中で，具体的な運動課題の実施に即した動感志向性を充実化させ，コツやカンを探り出すために潜勢的な〈自己観察〉も同時に行われることになります。生徒たちが何度も示範を要求するのは，焦点を絞り込んだ具体的な動感メロディーの共鳴を求めており，「手の着きかたはどうしているのか」「足の動かしかたはどうなっているのか」など動きかたの解決に必要と思われる〈自我中心化作用〉の動感メロディーに注目しながら，共鳴している自らの動感素材を取捨選択し充実化させていきます。また球技などのゲームでは情況への対応を見ながら，「あのように動けばよいのか」と〈情況投射化作用〉に注目することもあります。「わかるような気がする」という段階は，外部視点から運動経過を細かく知ることではなく，情況変化を単に見て知ることでもありません。自らが運動課題を習得する上で重要な，自分の動感素材を統覚化させた，〈表裏一体のコツとカン〉が胚胎する動感統一形態を構成することになります。〈知る〉ことによって受動世界で運動課題の達成に必要と思われる動感素材が共鳴化し，その動感素材を取捨選択しながら，何度も空虚表象の動感メロディーを奏でようとするのが「わかるような気がする」段階です。そこでは，受動世界の統覚化作用が能動地平に浮かび上がり，はっきりとした意識もなく「こんな感じか」「いや，こんな感じか」と綜合化する働きを自覚することになります。この段階では，自らが持ち合わせている動感素材（ヒュレー）が不足していると，「よくわからない」と混乱することもよくあります。

小学校で跳び箱の開脚跳びの練習を始めるとき，いきなり開脚跳びを行わせるのではなく〈基礎技能〉を習得させます。腕で体重を支持するような基礎技能や，両足で踏切板を踏み切る基礎技能が授業の導入として行われます。このようにして，新しく運動課題を習得するときには，あらかじめ欠損していると思われる動感素材（ヒュレー）を，〈基礎技能〉の獲得によって補っておく必要があります。それは単なる技能の獲得という〈まぐれ〉のレベルに止めておくものではありません。そこで大切なことは，先生は「こんな感じがわかるかな」と，子どもたちに〈基礎技能〉の新たな動感感覚を能動的に捉えさせる必要があります。能動的な動感意識が構成化されるという意味も含めて

〈基礎技能〉と呼ばれるのですが，単なる段階的な基礎練習として形式的に行うものではありません。

この動感経験が能動的に捉えられると，新しい運動課題の実施においても〈基礎技能〉との摺り合わせが行われ，〈似た感じ〉として動感質の評価ができるようになります。基礎技能として新しい動感経験の獲得は，自分の動感志向性を再構成する動感素材として取り入れられますから，「さっきまでわからなかったけど，わかる気がしてきた」という感覚質の変様がもたらされるのです。「わかる気がする」段階では，子どもたちは運動課題を見ながらその場で手足を実際に小さく動かしてみたりと，具体的な運動課題の実現に向かい始めます。「手はこう動かしているよ」「足はこう動かしているよ」と仲間と対話しながら，自分なりの〈動きの感じ〉をつかもうとします。そのような試行錯誤の繰り返しから，何となく「できそう」と感じる子どもたちは「早くやりたい」と先生にせがむことも珍しくありません。「できるような気がする」というのは，まさにこれから行おうとする運動課題が私の動感のメロディー化に成功したことになります。

§ 78 「できる気がする」段階に入る

新しく運動課題を〈知る〉最初の段階は，運動全体を〈見て知る〉ことから始まり，やがて課題を解決するための〈動きかた〉の観察へと向かいます。次いで，運動全体が何となく自らの動く感じで捉えられると，「わかる気がする」段階となりますが，それは動感形態のメロディー化に一応は成功したものの，まだ空虚表象に止まっています。だから実践可能性に向けて「やってみる」には，さらに動感メロディーの充実化が必要となります。

プールに飛込台が設置してあり，10 メートルの高さから飛び下りる人がいます。高飛込みの選手のように難しい技を行いながら飛び下りるわけでもなく，ジャンプして足から飛び下りている姿を，何となく関心を持って見ています。それはさほど難しい運動ではありませんから，低い飛込台から何回か飛び下りていると「わかる気がする」から「できる気がする」という動感意識が芽生えてきます。飛び下りる動きかたは日常的に慣れ親しんでいますから，これといったコツを自覚することはありません。10 メートルという高さを想像してみても，飛び下りる人がいるのだから，「あの程度のことはできるだろう」と考えます。ところが，「できる気がする」と思って10メートルの飛込台の上に立ったとき，「予想と違う」と座り込んでしまいます。「できる気がする」という飛び下りるコツに支えられて10メートルの飛込台に向かったのですが，そこに立ったとき自分のカンは，「飛び下りる」という動く感じを了解することを拒んでしまうのです。

スキーがある程度滑れるようになると，上級者の急斜面に挑戦したくなります。初心者が「できる気がする」と考え急斜面の上に立ったとき，これから滑る斜面が見えないほどの急斜面の恐怖から，「できない」と迂回路を滑って下りることになります。〈自ら滑る〉という〈コツ〉は，緩斜面という情況に即して了解されていたのですから，急斜面でその〈カン〉が機能しないと〈コツ〉を使うことができません。迂回路もなく急斜面を下りなければならないとき，スキーで滑るという〈コツ〉は使えず，板を外してお尻で滑りながら急斜面を下りることになります。急斜面を捉える〈カン〉は自らが「滑ることができる」という〈コツ〉を了解せず，情況に即した「板を外してお尻で滑る」〈コツ〉を選び出したことになります。「できる気がする」という段階に入っても「やることができない」ということはよくあります。それはまだ「わかる気がする」段階と考えたくなりますが，そうではなく，「それができる気がする」から飛込台に上がるし，上級者コースの急斜面に立つのです。このような自己の〈意味ある矛盾〉を抱えているのが人間の〈生ける〉身体運動なのです。

「できる気がする」というのは，自らが持ち合わせている動感ヒュレーを駆使して，動感メロディーを先取り的に充実することを意味します。これから運動を行うことを〈私の身体〉が了解する段階ですから，「できる」と考えることではありません。だから実際にやろうとして，さらなる充実化に向かうと，「できそうもない」と「知る」段階へと戻ることもあるし，実際やることはできても「できない」という結果が出ることもあるのです。〈空虚表象〉ながらも自分の動感ヒュレーを取捨選択しメロディー化に成功すると「わかる気」がしてきます。さらに，具体的な運動実施に向けて動感ヒュレーが充実化しながらメロディー化に成功すると「できる気がする」のです。

この「できる気がする」段階が実際の運動遂行の成功を保証する意味ではありません。

「できる気がする」という段階は「やってみる」ことへの〈自我身体の了解〉ですから，運動課題の成功である「できる」と機械論的因果を結ぶものではありません。だから「できる気がしたのに，できなかった」と，現実の運動実施の難しさに直面することになります。それは形式論理では矛盾することになりますが，私たちの主観身体の営みは〈内在超越〉としての〈反論理〉に従うことになります。その意味ある矛盾に出会ってこそ「どうして，できなかったのか」とその動感経験を反省することになります。実際に行って失敗しても，その動感経験は時間意識の過去把持につなぎ止められていますから，先構成されている動感図式と摺り合わされることになります。この時間意識の構成化の中で，私たちの〈動感学習可能性〉が浮上してくることになります。高飛込みや，スキーの急斜面で何もできなかった人たちでも，その動感経験は自分の動感システムに取り込まれ，再び動感メロディーの充実化に向かいます。そのような中で「今度はできる気がする」という段階を経て再び「やってみる」ことになります。

§ 79 「できた」のに「やりたくない」とは何か

「できる気がする」という動感意識に支えられて，私たちの自我身体は了解することになりますが，一方で「やらなければならない」という切迫感によっても「やってみる」ことができます。自分が運動を実施することに向かう恐怖を超えるような別の何かが与えられると，その切迫感から「やらなければならない」という情況に入ります。体罰がいつまで経っても問題になるのは，この種の切迫感が運動を行う〈決断〉をも促すからです。それはコーチの恫喝体罰を意味するだけでなく，「がんばれ」という仲間の応援も同様な意味を帯びることがあります。

小学校の跳び箱の授業で先生が開脚跳びの示範をします。子どもたちはそれを何回も見ながら，どのように動けばよいかと〈私のコツ〉を探します。先生も課題を達成するための重要なポイントを説明してくれます。その後で「さあやってみましょう」と先生が指示をすると，子どもたちは跳び箱を跳ぶために列を作って並び始めます。「知る」「わかる気がする」「できる気がする」という〈様相変動〉によって形成された動感メロディーは,「課題が果たしてできるか」という期待と不安を抱えながらも「やってみる」という〈実践可能性〉の充実化が起こります。次つぎに跳び箱を跳んでみて,ある子どもは成功し,またある子どもは失敗しながらも,次に「どうしたらできるか」を捉えながら,反省して再び挑戦することになります。

ところが,何度挑戦しても跳び箱の前で止まってしまう子どもがいます。そのような子どもに対して先生は「勇気を出して」と言葉をかけます。さらに「がんばれ」と応援のかけ声をかけながら,それでも上手くいかないと,今度は「皆で応援しよう」と仲間の子どもたちをも巻き込んで応援します。自らの動感身体が「やってみる」ことを了解しないから,「やろうとしても止まってしまう」のです。そこでは,「やる気がない」「勇気がない」と心理的な面に原因を求めるのが一般です。

仲間の応援は自らの切迫感とつながり,最後には勇気を出して「エィッ」とやることになります。そこで偶然にも跳び箱が跳べると,先生や仲間たちは「やればできる」と応援したことが,成功に導いたと満足します。仲間の応援に支えられ「やってみる」と,次からは積極的に跳び箱に挑戦する場合もあります。何らかの動感ヒュレーが欠損しているから「できる気がする」という動感意識に至らないのですが,「エィッ」とやってみたことで,新たな動感意識が過去把持につなぎ止められ獲得されることになります。そのことで空虚表象の動感形態が充実化し,次からは積極的に挑戦することができるようになることもあります。だから「皆の応援でやることができた」と「できない子は応援する」という言葉がけが,いたずらに蔓延してきます。

ところが仲間の応援は,このまま跳ばないと「先生や皆に嫌われる」「仲間はずれになりたくない」という切迫感を煽ることでもあります。そこでは,もはや応援の声は,自分を励ます言葉には聞こえず,「やらないとただではおかない」というような,いじめに遭っているような情況になってしまいます。とにかく,その情況から逃れたくて,無理矢理挑戦することになるから,たとい偶然にも跳び箱が跳べても,「二度と跳びたくない」とつぶやくことになります。そのような情況ですから,偶然にも跳べたという動感経験は,

「できる気がする」という動感意識の充実に向かわず，「二度と跳びたくない」という〈跳び箱嫌い〉になってしまいます。このように，「できた」ことは「嬉しい」のが一般的ですが，「二度とやりたくない」という可能性もあることに注目しておかなければなりません。だから先生は，子どもたちの動感意識を読み取る能力を持っていなければならないのです。恫喝されると「やるしかない」という〈切迫感〉の営みを利用してか，やがてその手段が体罰へとエスカレートしていくようです。

先生が怒声を浴びせることで「やらざるをえない情況」を作り出すことは，教育的立場から非難の的になります。生徒を巻き込み「全員で応援する」のは教育的配慮を持ったよい指導法と思われるようですが，怒声を浴びせても，皆で応援しても「やらざるをえない情況」に追い込んでいることはたしかです。「できる気がしない」生徒を見抜き，その動機づけを見つけて解決するのが教師の腕の見せどころです。そのような問題に触れず形式的な指導方法論を展開するだけでは体育教師の専門能力は怪しくなります。人間は「やらざるをえない」情況に追い込まれると，命の危険が伴う行為でも行うことができます。生きることを断念するような情況に追い込まれると，自らの命を絶つ人間だからこそ，このような問題は身体教育ないしスポーツ教育の意味核をなす問題性として慎重に検討しなければなりません。

§ 80 まぐれの段階に向き合う

「できる気がする」といって実際に運動課題を実施してみると，「こんなはずではなかった」と自分の〈動感予描〉と違うことに気づきます。「できない」という新しい体験は，欠損している動感図式を改めて探ることになります。その動感ヒュレーの不足が強烈だと，「やってみたけど絶対できない」という動感意識が生まれ，その運動課題を一気に拒否するようになってしまいます。たった一度の体験で「なじまない」運動課題へと急変してしまうことは実践場面ではよくあります。「できない」という新しい体験から，欠損している動感図式を探り出そうとする努力の源は，「できるようになりたい」という，その運動への強い関心です。その関心に支えられ，何度失敗しても挑戦する子どもたちの〈できない〉経験は，〈生ける経験〉として過去把持につなぎ止められますから，新たな動感メロディーを奏でる可能性を持つことになります。

〈できない〉動感経験は，先構成されている「できる気がした」志向形態の再構成を促して検討を重ね，やがて「何となくコツがわかってきた」「もう少しでできそう」という〈動感感情〉が生まれてきます。私たちが何度も失敗を繰り返しながら一つの運動習得に没頭しているとき，そのつど動感は〈たった今〉の把持につなぎ止められ，さっきの過去把持の動感図式と摺り合わされています。その充実が能動地平へと顔をのぞかせたとき「わかってきた」「もうすぐできるかもしれない」という自覚が生まれます。未来は過去の事実の再現という科学的思考では，運動学習の「できない」という繰り返しが「できる」に至ることは説明できません。外部視点からは「できない」運動の繰り返しに見えても，そこでは何度も新しい動感図式の構成化の営みが行われ，新たな志向形態が次つぎと構成されているのです。運動を行う前のこのような動感意識の様相変動は，「結果からの予言者」*176 の分析対象から外れるのは至極当然なのです。

このような動感世界で，試行錯誤を繰り返しているうちに，はじめて「できる」という新たな動感形態の発生に出会うことになります。それは，その運動全体をはじめて経験することであり，その新しい動感メロディーの受け入れは，予描的に捉えていた動感メロディーとの差が大きいほど新鮮であり「自分が思っていたのと全然違う」と強烈な印象を持ちます。偶然にも「できる」という新しい〈形態発生〉は，本人にとってこの上ない大きな喜びで，それは運動全体をはじめて〈直接経験〉することなのです *177。

新しい運動を獲得するとき，「できる気がしては失敗する」ことを何度も繰り返し，それが何週間・何ヶ月と続くこともあります。「無理かもしれない」と何度も迫ってくるこの迷いは，指導者や練習仲間の助言や，運動課題に向けての自分の関心を再確認することで克服されていきます。この苦労が多いほど，「できた」という，運動全体をはじめて体験した喜びも大きなものになります。

---

*176 ヴァイツゼッカー／木村敏・濱中淑彦訳（1995）：『ゲシュタルトクライス』 みすず書房　293 頁

*177 クルト・マイネル／金子明友訳（1981）：『マイネルスポーツ運動学』大修館書店　379 頁

はじめて逆立ちが止まって嬉しさと驚きを隠せない子どもに対して，その動感世界を読みとれない人は「1秒しか止まっていない」と静止の秒数を問題にします。ところが体育の先生は，自分の動感経験と摺り合わせるから「動かなかったでしょ」「すごく長い時間止まっていたでしょ」と子どもの動感世界を共有できるのです。それが感じとれる能力可能性を養成するために，指導者養成機関では，実技がカリキュラム上に必修化されているのです。「まぐれ」ではじめて運動課題が達成できても，それはまだ偶発性の域を脱していません。「自分が思っていたのと全然違う」という成功体験は，予描的に奏でた動感メロディーの裏に隠れていた，自分が関与しない動感ヒュレーが奇妙にも深く関わっていることを知らせるのです。

はじめて〈逆上がり〉が上がったとき，たしかに自分の身体がその運動課題を実現したのですが，〈なぜできたのか〉は自分にはよくわかりません。そのまま「はじめてできた」と〈まぐれ〉発生を喜ぶと同時に，「再びできるようになりたい」と意欲を持って練習を始めることになります。はじめは「できるようになりたい」という運動結果の出現だけを期待して練習をしていたのに，一度できると，どうしたらできるかと〈コツ〉を探すようになります。〈まぐれ〉とは〈コツが紛れる〉意味ですから，紛れていた〈コツ〉を闇雲に当てようとすると，以前よりうまくできなくなったり，まったくできなくなることさえあります。〈まぐれ〉で発生して〈できた〉という動感形態を「思い通りにできるようになりたい」という〈できる〉への道を目指すと，次の〈コツ・カンの確定化位相〉に向かうことになります。

§ 81　教材研究にノエマ的意味がなぜ欠けるのか

競技スポーツの世界で才能が開花し，破竹の勢いで素晴らしい成果を収めている選手が，オリンピックの代表選考の直前で競技を辞めてしまうことがあります。一般に〈燃え尽き症候群〉と呼ばれているようです。怪我や故障のアクシデントで断念することもありますが，他人から見てこれといった理由も見つからないまま「こんなことを続けていても意味がない」と語り，競技スポーツの世界から去っていく人たちも珍しくありません。学校体育の授業でも，運動課題が上手くできない生徒たちは，「意味がない」とその動きかたの習得に意欲的に向かいません。

子どもたちが流行語のように，何かにつけて「意味がない」と使う言葉は，どう理解するのでしょうか。意味が〈ある・ない〉ということ自体は何を意味するのでしょうか。向けられた対象そのものに，はじめから意味が与えられていて，〈ある・ない〉ということはありません。それを捉えている私の主観的判断に，意味が〈ある・ない〉という規定があるのです。だから，自分では「意味がない」と思っているのに，同じ運動課題を夢中で練習する他人もいます。同じ運動課題なのに，「ある人には意味があって，ある人には意味がない」ということが，意味は自分の中で見つけることを教えてくれます。だから何かに向かって，「意味がない」という子どもたちは，「自分はその意味が見つけられない」ことを伝えているのです。誰しもが同じことに「意味を見つける」とも限りませんから，一生懸命スポーツの練習に明け暮れる選手を見て「意味がない」という人は，「自分はその意味が見つけられない」のです。それを頑張っている選手には，その活動を非難している言葉に聞こえてしまうことも珍しくありません。意味を見つけて頑張っている選手は，「意味がない」という子どもには，「こんな楽しいことの意味が見つけられないのは可哀想だね」と語ることになるのでしょう。

だから体育の授業でも「意味がない」という子どもたちには，「意味を見つけさせる」のが教師の役割になります。ところが改めて「逆上がりを課題とする意味」を考えたとき，言葉に詰まる先生は少なくありません。健康・体力づくりと意味を結びつけても，「なぜ逆上がりをするのか」という運動課題に直結する答えはでてきません。学校教育で必修化されている体育は，運動技能を習得するのですが，「学習指導要領で決まっているから」という答えでは，運動課題を覚える意味の説明にはなりません。体育という教育の中で与える，運動課題の〈ノエマ的意味〉という動感志向対象そのものの「教材研究」はあまり注目されていないようです。

それにもかかわらず，体育の授業での運動課題の習得には，子どもたちは時間を忘れて夢中で取り組んでいます。〈まぐれ〉の体験は新しい動感ヒュレーを動感身体に取り込み，再び予描的な動感形態の構成化を誘います。新たな動感体験は「今度はこんな感じでやればできる」と，未来の確信が持てる予描的な動感形態に胸をふくらませていきます。この営みが能動的に捉えられるから，人間は習練の道を歩むことになり，他の動物の運動習得と截然と区別されることになります。体育に限らず，私たちは多くの運動を習得してきたし，今後もいろいろな運動を習得する場面に遭遇します。それを意欲的に覚えようとする態度にこそ，学校体育における運動習得の〈本質必然的な意味〉が蔵されているのではないでしょうか。動感としての意味発生に夢中になって動く子どもたちに，形式的な意味を押しつけ，〈意味を失わせている〉のは大人なのかもしれません。

人間の運動習得の本質必然的な〈ノエシス的意味〉と，体育教材としての運動課題の〈ノエマ的意味〉が相まって，はじめて体育が学校教育で必修化される意味を持つと考えられます。ところが成果主義だけに傾斜してしまうと，形式的にしかノエマ的意味が捉えられませんから，受験に関係のない体育は「意味がない」という陰口が絶えないのです。それに答えるように，明治以来の健康体力づくりという教育目標を前景に主題化しても，必修化の意味は十分に成立しないようです。

第Ⅷ章

命綱となる動感能力を求め続ける

§ 82 動感図式の儚さに気づく

〈まぐれ〉でできる運動はその動きを自分で意識できず，〈できた〉ことは後から気づくだけです。〈まぐれ〉が増えると，やがてそこに紛れ込んでいたコツやカンに気づき，そのコツやカンの存在に関心を持つことになります。そこではコツやカンをつかみ「そう動けるようだ」という能力可能性が浮上してきますが，同時にその動感能力の儚さがわが身に感じとられてきます。こうして，志向対象となる動感形態は，さらに新しいコツとカンに支えられて，多くの障碍を克服できる能力が求められます。

たとえば，逆上がりをはじめて覚えるときに，毎回鉄棒の高さを変えられてしまえば，なかなかコツがつかめません。足が着く低鉄棒では「地面を蹴って足を振り上げること」がコツだといっても，高鉄棒ではそのコツは使えません。たしかに，上手な人は低鉄棒でも高鉄棒でも逆上がりはできるのですが，初心者にはまだ難しいようです。低鉄棒から練習をするにしても，あまりにも鉄棒の高さが低ければ，後方支持回転との区別がつかなくなるからやっかいです。自転車に乗る練習をするときでも，砂利道やぬかるみで練習を始める人はいません。それは，すでに自転車に乗れる人でさえ，上手く漕げるかわからないほど難しい情況だからです。〈まぐれ〉でコツを習得した初期段階は，情況変化へのカン能力の対応がまだ上手くできないことが特徴としてあげられます。一般的に単純から複雑という学習順序は，物理時空系で展開される運動経過の単純化から複雑化に求められることが常識のようです。しかし，ここでは動感構成化の単純と複雑が主題化されてきます。動感形態の構成化から捉えれば，逆上がりの発展系にけ上がりはありませんから，〈逆上がり〉ができたら〈け上がり〉を覚えるという学習順序は成立しません。その意味で動感発生から捉えた運動課題の体系化は再検討する必要があるのです。

動感図式を確定化する位相では，少なくとも〈コツやカンの危機克服〉〈修正への志向〉〈わざ幅への志向〉という3つの位相を通り抜ける必要があります[*178]。きわめて安定した情況で覚えた〈まぐれ〉の動きかたが，その後

*178 金子明友（2002）:『わざの伝承』 明和出版 425頁

変化する情況に即して動けるようになるには，その図式は消滅の危機に向き合うことになります。それは「できた」という喜びに水を差すような出来事ですが，「私はそう動ける」というレベルに至るには必ず通り抜けなければなりません。ところが，きわめて安定した情況で，運動の成功回数が増えたことで自信を持っていると，情況の変化に対応を迫られコツが機能しない現実を受け入れることは困難をきわめます。今までのコツで上手くいかないと，変化した情況を原因として，初期の安定した情況に戻ってコツを確認したくなります。〈練習場のチャンピオン〉と呼ばれる人は，慣れ親しんだ練習場面ではきわめて高い能力を発揮するのに，いざ情況の異なる試合となるとまったくそのような能力を示せない人のことです。それを精神的なメンタル面の問題と考えてしまいます。しかしそこには，異なった情況に対応できるコツが居合わせていないのです。変化した情況に遭遇し上手くいかないたびに,安定した情況に戻り「本当はできるのだ」と自らを過保護に扱うから，このような危機に巻き込まれることになります。新しい運動を本当に手に入れたいと思えば，たといどんな理由があろうとも「できない」という現実を受け入れ，それを克服する努力が求められるのです。それを支えるのが，その運動を覚えようとする〈動機づけ〉なのです。

　また，独りよがりで「自分はできる」といっても，他人の運動と比べてみれば，そこに違いが見いだせます。「自分なりに」と他人との運動の違いを受け入れることを拒むようでは，確定化位相での動感形態の統覚化は困難をきわめます。動感形態の意味核を捉えるためには，価値意識とともに自らの動感形態を相手に鍛え抜く〈修正への志向〉がなければならないのです。さらに自ら先構成されている動感形態に支えられて，「私はそう動ける」と決断しても，実際の運動場面ではいろいろな障碍に出会うことになります。一つの動感形態の実現が危機に瀕するとき，カンは情況を察知し，それに即したコツを生みだす能力も求められるのです。「上手くいくときはすごい選手だけど, 失敗するときは素人みたいだ」とささやかれる〈ガラス細工の選手〉とは，〈わざ幅〉を持っていない選手が意味されています。実践場面で私たちがいつもと違う何らかの対応に迫られる場合，「自分や自分を取り巻く情況変化を捉える」ことと「情況の違いから自らの動きかたをどう変えるか」

という動感能力を持っていなければなりません。この〈意味と価値〉が心地よく捉えられるから，安定した動感形態を呈示できることになるのです。優秀な選手は，「失敗したけど対応できる」というように，変化する情況の中でも同じ達成を求めにいきます。一方，駄目選手は「失敗したのはどうしてか」とその〈原因〉を探すことになります。運動を覚える段階でミスの原因を探ることは必要ですが，試合のような場で原因を言挙げるのは〈言い訳〉としか聞こえません。だから，この位相で〈わざ幅への志向〉は決定的な意味を持ち，その能力可能性を拓くことが求められるのです。

§ 83　マイナス思考が練習を支える

確定化現象に隠された３つの位相に気づかないまま，生ぬるい環境でどんなに「私はできる」と信じても，実際に情況を捉えるカンとその裏に「そう動ける」コツがなければ，空虚な意味づけにとどまります。「私はできる」と願うだけで上手になるのであれば，練習をする必要もありません。ところが，危機に直面すると，それを消極的に悪い方向へと考える人と，逆に積極的によい方向に捉える人がいます。ものごとを悲観的に捉えるのではなく，よい方向に捉えることを，最近では〈プラス思考〉といいます。解決するよい知恵がないのだから，「何ごともよい方向に考えておく」ほうがましだというようでは，スポーツ実践でいわれる〈真の実力〉はつきません。一方，不測の事態を予想するような思考を〈マイナス思考〉と呼ぶとすれば，私たちの習練はつねに〈マイナス思考〉を基柢に据えて展開せざるを得ませんが，それにはなかなか気づかないようです。

小学校の遠足で山登りをするときに，事前にリュックサックにいろいろなものを詰め込みます。そのときに，「山の上は寒いかもしれない」「雨が降ったときのために傘を入れておこう」といろいろなことを考えます。それは，すべて不測の事態に向けての準備です。「明日は絶対晴れていて雨も降らない」「天気予報も 100 パーセント晴れるといっている」と楽観視をする〈プラス思考〉であれば，このような準備をする必要はありません。ところが「天気予報が 100 パーセント晴れる」といっても，私たちは「山の天気はわからない」と雨具を入れることになります。

さらにエベレストに登るのであれば，そこで起こる不測の事態は生死を分けますから，そのマイナス思考は非常食や酸素マスクの準備へと向かいます。それでも，自分の想像を超えて「回避できない不測の事態が起こりうるのではないか」という不安を拭うように安全祈願に行く人もいます。私たちは，不測の事態を考える〈マイナス思考〉によって，その対応の準備に追われ，それが整うと〈大丈夫〉と安心することになります。

運動の練習中にも失敗はよくあります。そのときに「そんなことは気にしない，試合になればできるさ」と呑気に構えていては，思い通りの成果が出るはずもありません。その試合が自分にとって大きな価値を持つほど，「もしこのような失敗が試合で出たら」と不安に駆られます。その失敗が起こらないように練習を重ねることは，失敗のすべての〈動機づけ〉を洗い出すという〈マイナス思考〉が裏で息づいているのです。

普段の練習では「いつでもできる」という動感形態を獲得していても，いざ試合となると，まったくそのように動けない選手がいます。その選手は試合が終わると「実力が出せなかった」と言い訳をするし，周囲の人たちも「実力はあったのに」と慰めてくれます。それは動感能力の習得位相に隠された〈わざ幅への志向〉という位相の充実化を怠っていたことになります。〈実力ある選手〉というのは，試合のどんな情況変化にも対応する能力のある選手ですから，つねに情況の異なる試合の場でもいつも上位にいます。一方で，試合になると自信を失い，練習の技が発揮できない選手がいますが，周りからは精神的に弱いといわれ，〈自信のない選手〉と烙印を押されます。

プロスポーツ選手が試合前のインタビューで「この試合は勝つ自信があります」と答え，実際の試合で勝利を収めることがあります。周囲では「自信があるから勝った」「自信を持てば勝てる」と話がエスカレートしていきます。巷間では，苦しい練習もしないで「自信を持てば大丈夫」という話が蔓延するからやっかいです。〈自信〉とは「自分を信じる」ことだから，〈信じられる自分〉が必要となります。つまり〈信じる自分〉がいなければ，自信は生まれるはずもありません。〈自信がある〉と語る選手は，練習の中で何か自分が信じるものを見つけ，それに頼る決断をしたから「自分は信じるものを持っている」意味で「自信がある」というのです。たしかに科学的思考では未来は，〈未だ来たらず〉の世界ですから，現在において未来のことはわからないから「自分はできる」と念じるしかないという結論に至るのは当然かもしれません。ところが，〈生ける身体〉を主題化したとき，未来は私の〈今・ここ〉に内在していますから，具体的に確信を持った「私はそう動ける」という動感意識が実存するのです。

動感世界で未来の出来事に自信を持つということは，自らが信じるものを練習で練り上げた人のみが語ることなのです。勝つために多くの努力と工夫を重ねた習練を行い，「起こるべき不測の事態は自分の練習の中ですべて解決した」から，「自分のやってきたことを信じることができる」という意味で〈確信〉が生まれるのです。人間は「自分で自分に嘘をつくことはできません」から，それは本当に自分の中で確信を持った動感形態が構成されなければなりません。このような〈マイナス思考〉が習練の内容を充実させる力となるのですが，最高位の位相である〈洗練化位相〉に至るには，自らの動感を反省分析する能力が不可欠となります。

§ 84 コツやカンの動感差に気づく

〈まぐれ〉で逆上がりが上がったとき，それは自らの身体が新しい動感システムを〈直接経験〉したことになります。それに費やす苦労が多いほど，その喜びは大きくなり「再びできるか」という〈期待感〉と同時に〈不安感〉も膨らみます。そのとき「きっと，足を思い切って振り上げたからできた」と，自ら構成した動感図式に反省分析を施し，そのコツやカンを探し出すことになります。ところが〈まぐれ〉に出会うまでは，「できるようになりたい」という願いだけで，「エィッ」とやった程度しか記憶痕跡がありません。ですから，当てずっぽうでコツを探しにいっても再び〈まぐれ〉に出会うかどうかはわかりません。「おかしい，じゃあ今度は身体を思いっきり倒そう」などと，再び何か新しいコツを探してみることになります。闇雲にコツを探し続けているうちに，「わからなくなった」といって，〈まぐれ〉も期待できないほど，何一つできない状態に戻ってしまうこともあるものです。

コツが紛れている〈まぐれ〉の動感形態に，〈私のコツ〉を見つけるのはそう簡単ではありません。ベテランの先生は〈まぐれ〉でできた子どもたちに,「まぐれでできたのだから,何回かできるまで何も考えずに一生懸命やりなさい」と,闇雲にコツを探したくなる子どもたちを諭します。やがて〈まぐれ〉の出現回数が増えると,「どんなときできるの」と尋ね,また「足の振り上げが上手なときに上がるようだね」と,紛れていたその子のコツに共振しながら一緒に考えます。一方,〈まぐれ〉の出現に先生も嬉しくなり,早くコツをつかませようと上手くいかないたびに,「今度はここを注意したら」とコツを教えたがる指導者もいます。それは「情報量が多いほど選択肢が増え,正確な判断ができる」というコンピュータの入力情報と同じ考えとなってしまいます。人間の身体運動は問題点を数多く指摘しても,それを取捨選択して判断するのは本人の動感能力なのです。

新しい動きかたを覚えるときは,ただ「できるようになりたい」という達成結果に強い関心が向けられています。その中で新しい動感図式が発生した場合は,「できる」ときと「できないとき」の動感意識の違いがわかりません。本人にとっては「同じようにやっているのに〈できる〉ときと〈できないとき〉がある」のです。だから繰り返し経験される動感形態に潜む,〈動感差〉が捉えられないことに向き合わなければなりません。コツを探す場合には少なくとも「どのような動きの感じの時にできるか」という,漠然としていても,〈たった今つかんだ把持〉の動感差に気づくことが不可欠になるのです。

最初に捉えられる動感差は,動感メロディーの全体を体感することから始まり,生徒たちは「できるときは,なんかスムーズで」といいながら動感メロディーの違いに気づきはじめます。やがて動感メロディー全体の中で違いを感じながら微妙な動感差を確定していきます。やがて「足の振り上げる感じが違うときは上手くできない」と,〈動感発生させるコツ〉に当たりをつけはじめることになります。確定化位相では,まず最初に〈動感差に気づく〉ことが求められますが,それは外部視点から〈できる－できない〉という図形的差異を求めることではありません。仮に〈できる－できない〉という問題が,図形的差異による法則性と一致すると思っても,動いている本人がそれを動感感覚で捉えられなければ,コツやカンをつかむことはできません。逆に外部視点からは同一の運動経過を辿っていると思っても,本人の動感感覚では〈違う感じ〉という場合もありますからやっかいなのです。だから指導者には，他人の動感メロディーを読み取る能力が求められるのです。動いている本人がコツを発生させるために求められることは，〈今・ここ〉に流れつつある動く感じを，把持につなぎ止める〈時間化能力〉そのものなのです。それは，すでに過ぎ去った動感意識と，これから起こる未来の動感意識とともに，〈今・ここ〉の私の身体意識に引き寄せるという〈二つの今〉を統握する能力です[*179]。

その動感能力は，運動後に自分の〈動きかた〉を振り返る〈自己観察〉によって，高められることになります。マイネルも「練習することはある運動を考えもせず機械的にいつも変わらないやり方で繰り返すのを意味するものではない」[*180]といいます。むしろ練習とは，1回あるいは何回かの解決を試みたあとで，練習者が自分自身で，または他人からの指示によって，それが動きのさばき方であれ，達成の結果であれ，さらに欠点を探り，それを取り除く努力をしてから新しい試みに着手するべきであり，練習はつねにより高い段階を目指しての繰り返しなのだと指摘しています。そのためには，「動感質の違いがわかる」という〈差異化能力〉が求められることになるのです。

§85　動感投企とその反省は身体化を支える

コツやカンの微妙な動感差に気づけるようになり，〈できる－できない〉の動感差が何となくわかってくると，時間化問題を具体的に探るようになってきます。「できるときはこんな感じで，できないときはこんな感じ」と漠然とした動感メロディーを摺り合わせながら，動感時間化の感覚質を絞り込んでいきます。たとえば，「できないときは足の動きかたが違う」など，動感メロディーの中で上手く機能していない動感質を浮き彫りにして，「足の動かしかたをこうしたほうがよい」と能動的に動感ヒュレーを確かめていきます。やがて運動課題に挑戦するとき「ここを注意したらできる」というポイントがわかることで，〈できる－できない〉に決着をつけることになります。そのとき「コツがわかった」ことになるのですが，それは「そのコツが通用したとき，私はできる」というレベルです。それはまだコツが完全に身

*179 金子明友（2015）：『運動感覚の深層』　明和出版　248 頁
*180 クルト・マイネル／金子明友訳（1981）：『マイネルスポーツ運動学』大修館書店　399 頁

についていないから，「コツがしっくりしなかった」ということもあります。こうして自らの動きの中について自覚できる意味核が発生し，やがては「その意識さえ消える」という洗練化位相へと向かうことになります。

動感差に気づけるのは，自分の動感図式を振り返って反省することによって行われます。「さっきと今は何となく動きの感じが違う」というときには，先ほどの動感感覚と今の動感感覚を摺り合わせる〈動感反省〉という営みに入っているのです。動感反省がさらに充実してくると，はっきりとした動感質を捉えられるようになってきます。ところが，このような営みを積極的に行わなくても，身体の知恵は「何となく違う」という違和感を解消する方向に誘っていきます。〈できた－できない〉を繰り返すうちに，いつの間にかできるようになった経験を持つ人は多いと思います。ところがここでは「コツを語る」ことができません。特に幼児期の動感発生では，積極的な動感反省を言語化できませんから，一輪車に乗れる幼児に「どうしたらできるの」と尋ねても「わからない」と答えます。小学生くらいになると「どうしたらできるの」と聞くと，「下を見ないようにする」とか「背筋を伸ばす」などコツを語りだしてくるようになります。

これから行うべき動感図式と自分が直接経験した動感図式を摺り合わせる動感反省や，過去の動感図式を〈今・ここ〉に充実化させて，「やろうとしたことはできなかったが，以前よかったときと似ている」など高次元の動感反省ができる人もいます。ところがその違いがわかっても「どうしたらできるか」という結論にはまだ至りません。「違いはわかるけど，どうしたらよいかがわからない」から，「動感身体で考える」必要に迫られます。ところが，せっかく動感差に気づいても，「ここが上手くいかないからできない」とその原因を他人に語るだけでは〈自己評論家〉になってしまいます。本来的には，そこでは「こんな感じでやったらどうか」と投企すべき動感ヒュレーが検討されることになります。これから行おうとする以前に「どのように動くか」という感覚ヒュレーを捉えることが〈動感投企〉と呼ばれるのです。

この投企と反省を「動感身体で工夫する」ことによって，私たちは動感質の意味核をつかむ可能性を持つことになります。「こうしたい」という生ける動感投企によってこそ，構成化される動感形態が充実化するのです。実際に動いて〈今・ここ〉に流れつつある動感質を把持につなぎ止めつつ，運動が終了したとき「どうだったか」と〈身体で考える〉ことが求められるのです。ところが，せっかく捉えた感覚質が「押す」とか「ここで力を入れる」とか言語化され，内言での自らへの〈言葉がけ〉とすり替わることがあります。〈動感身体で考える〉ということは，「その動きの感じを，わが身にありありと蘇らせる」という意味です。動く感じそのものを自分の生ける身体に，生き生きと〈身体化〉させることが大切なのです。だから実際に運動を行う前の，動感投企の際に小さな動きを伴いながら，意味核となる動きの感じを具体的に蘇らせる選手も少なくありません。

「どう動くか」を私の身体で考え，同時に投企して，運動を行った後に動感反省分析をするのが，いわばコツやカンをつかむ習練なのです。そう考えれば，学校体育の授業で新しい運動課題を覚えさせるのに，単に効率のよい〈授業管理〉だけでは，感覚質をつかむ習練の動機づけがあるとは思えません。そのように運動課題を習得した結果だけに関心が向けられてしまうと，「体育はどんな教育的意味を持つのか」という正鵠を射た批判がなされることになります。単に一つの運動課題の習得に向かうものだけではなく，ゲーム全体や演技全体を先取り的に捉え判断する動感世界でも，動感投企と動感反省は本質的必然性を持っていることはいうまでもありません。

§ 86 動感固癖の解消化に悩まされる

〈感覚質で考え，学ぶこと〉は動感形態を磨き上げる上できわめて大切な立場であり，〈機械的に反復をすればできる〉と考えるようでは洗練化位相への道は絶たれてしまいます。それ以上に，単なる機械的反復によって獲得された動感形態は，受動発生の世界に沈殿したままですから，その修正に迫られたとき，きわめてやっかいな問題に直面します。また一方で，実践場面においては，コツやカンの安定した〈身体化〉と習慣化した古いコツやカンの〈解消化〉という矛盾に満ちた問題に向き合わなくてはなりません。

動きを安定させるには，自らの動く意識から解放されて，習慣化した動きかたへと向かうことになります。そこでは，いちいち考えることもなく〈したい－できる〉という関係系の中で動きが即座に実現されます。ところが，慣れ親しんだ〈動きかた〉を新しい動感図式に変えようとするとき，今まで自分の身体に染みついた〈癖〉という問題が浮上してきます。また一方で，新しいスポーツ技術の開発によって自分の古い〈動きかた〉の修正に迫られる場合もあります。

スキーの練習を始めるとき，最初にスキー板の後ろを開いた〈プルーク〉という〈ハの字姿勢〉で緩斜面を滑ることを覚えます。だんだんと上達してくると，プルークの姿勢でターンをしながら斜面を滑り下りられるようになります。その先の技術として，板を平行にそろえて滑ることに挑戦するのですが，すでに覚えた板の後ろを開く〈ハの字姿勢〉の癖が抜けなくて困ることがあります。そこでは，自分では板を平行にしているつもりでも，ターンをしようとすると，自覚していないのに足が勝手に〈ハの字〉になってしまうのです。仲間に指摘されても，自分がそのことに気づかないこともあります。

現在は足をＶ字型に開くスタイルでスキーのジャンプが行われています。昔は板を平行にそろえて飛んでいました。現在のＶ字型のほうがより遠くへ飛べるのですから，板をそろえて飛ぶことが身についていた昔の選手でも，現役を続けるのであればＶ字型の飛行形態に変える必要に迫られます。踏み切るときは，時速100㎞にも及ぶ速度ですから，慣れ親しんだ板をそろえる動きをＶ字型へと変更するには危険が伴います。慣れ親しんだ板をそろえる動きを解消しないと，新しいＶ字型の飛行形態は習得できません。その解消化ができなかった選手は，そのまま引退に追い込まれることになります。

また，スポーツ用具の技術開発も積極的に行われますから，新しい用具の対応も求められます。長野オリンピックで堀井学選手がスラップスケートへの対応に苦しんだことは，よく知られています。スラップスケートを使いこなせば今まで以上に速く滑れるとしても，今までの滑り方の癖が消せないと，新しいスケート靴に馴染むことはできません。今までのスケート靴が自分の身体の一部となるまで，習練を重ねて習慣化した身体知は，新たなスケート靴への対応のため，その身体知を解体する必要に迫られます。熟練に向かい，〈習慣化〉へと向かった身体知でも，用具の開発により，それに対応するための〈解消化〉を迫られることがあります。スポーツ実践場面では，つねに〈習慣化〉と〈解消化〉という矛盾の中で生きなければなりません。

新しい動感形態の価値意識の発生とともに顔をのぞかせる，この〈解消化〉への具体的な方法は未解決のままになっています。指導者が新たな価値意識を選手に与える一方では，そこに立ち向かう選手がその〈身体化〉を真剣に受け止めないと，同時に〈解消化〉という苦難の道は避けられないことになります。「今までのやり方でいい」という選手の甘い意識は，固癖と戦うべき動感志向性の充実化は望むべくもないものとなってしまいます。はっきりとした修正化の目標意識と，その苦難の道の先に明るい未来が待っているという強い期待感がないと〈解消化〉が難しいのは，現場の指導者はよく知るところです。さらに練習で固癖を克服し，新たな動感形態の構成化に成功したと思っても，いざ試合となると再びそれが顔を出すこともあります。〈解消化〉の具体的な指導法を開発することは，競技スポーツにとっては喫緊の課題となっています。

一般に，反復して練習を続けていれば，運動はいつか改善できるという考え方に傾斜しがちです。日常の経験はそのための証拠を数限りなく提供しています。経験のあるスポーツ指導者なら誰でも知っていますが，「一本調子に，かたくなに反復を続けることは目標に達しないし，反復回数は決して運動の質的改善を決定するものではない。それによって欠点も定着してしまうからである」[*181]とマイネルも述べて，機械的な反復ではなく〈考えながら学ぶこと〉の重要性を指摘しています。

§ 87 動感としての身体発生に注目する

能動的に〈身体発生〉の形成に関わろうとすると，私たちは積極的に動感差を捉え，動感投企とその反省分析を繰り返しながら動感能力の〈確信化〉へと向かいます。そこに呈示される動感形態は，再現映像のように，等質時間空間で構成されているものではありません。運動の連続写真を作成する場合，1 秒間のコマ数が多いと瞬間映像の数も増えます。映像化することは〈間欠性〉に支配されていますから，どこまで行っても瞬間映像と瞬間映像の隙間は埋まりません。生ける身体の運動は時間流に隙間が存在しません。しかし，できるだけ正確に運動を再現しようとすれば，映像の隙間を微分し，見

*181 クルト・マイネル／金子明友訳（1981）:『マイネルスポーツ運動学』大修館書店 397 頁

えない瞬間の映像をなるべく少なくするという科学的思考が浮上します。今まで見えなかった瞬間が見えるようになるという，スーパースローの再現映像は，私たちに新しい発見をもたらしてくれます。ところが，実際に動いている私たちは，再現映像の１コマずつを正確に感覚で捉えているのではありません。それどころか，動感で捉えるような志向的態度を持ってはいけない動きの瞬間さえもあります。

テレビの野球中継で，ピッチャーがボールを投げる動きをスローモーションで再生することがあります。足を踏み込んだ後，体が弓なりに反って腕が鞭のようにしなっていることが確認できます。それを素人が自ら再現しようと「腕を鞭のようにしならせて投げる」と意識をするとうまく投げられません。私たちの身体は物質的側面を持っていますから，何らかの外力によって運動の図形的変化が現れることがあります。素人でも「足を踏み込む」のは自らの意識として自覚されたとしても,「鞭のように腕がしなる」というのは，その現象を対象化した客観的事実としての〈図形変化的認識〉なのです。

また自分が意識的に注意をした動きは，運動の図形変化としては別のところに現れることもあります。そもそも運動は動いているので，瞬間映像におけるその動きかたの問題を指摘しても，自らその運動の修正を行うときは，その瞬間映像以前の〈動きかたの変更〉が求められることになります。映像機器を駆使して自分の修正したい瞬間を見つけ，その瞬間を意識して修正しようとしても，変化が現れるのはその瞬間の後なのです。選手の動感世界が読み取れるコーチは，運動の図形変化を観察して問題点を見つけたとしても，そこに至るまでの動感意識に手を入れ，運動問題を修正することになります。だから物理時間的な系列の矛盾もなく，その瞬間の運動の図形変化の問題も解決できるのです。ところが科学的思考に依存している指導者は，問題のある運動図形を指摘すれば，運動問題が改善できると呑気に考えているのでしょうか。

映像機器の開発が進み，スポーツ科学で体操選手がひねり技を行うとき，どのような景色が見えているのかを知ろうと，選手の頭部にカメラをつけてひねりの最中の景色を撮影することがあります。その結果，無機質な再現映像は，移りゆく景色をすべて再現することになります。それに基づいて，選手に「景色がすべて見えるのだ」と結論づけてしまうと，仮に今まで景色が見えないままひねり技に成功していた人に，景色を見ようとする志向性を生みだすことになります。たといその実験をした選手が「景色がすべて見えています」と語ったところで，それは運動後に語ったことであり，脳科学的には〈主観的遡及〉の中で語っていることになります。そのことは〈見るという志向的態度〉とは別の次元で語られることに注意が必要です。「個々の運動経過に意識して注意を向けることは学習過程の中では，あるつまずきをひき起こしたり，それどころかまだ安定していなかった粗協調を破壊してしまったり，消失させてしまうことさえあり，運動は全体としてもできなくなってしまうこともある」[*182] というマイネルの言葉がまさに正鵠を射ているのはこの意味においてなのです。

一昔前の運動習得場面では，ビデオなど手軽に運動を再現できる機器がありませんから，自分の運動全体を見ることはできませんでした。だから練習仲間からの情報を頼りに，「こんな動きの感じが他人にはこう見えるのか」と外部視点から捉える自分を想像するしかありませんでした。それでも信用できないと，「誰の運動と似ている」と尋ねて実際に似ている人の運動を，自分の動感質と摺り合わせて見て，外部視点から見える運動を捉えていました。自分の動感質を外部視点として捉える能力に長けた人は，自らが動いた後「このように見えるでしょ」と他人を納得させることができます。

動きつつある自分の運動中に，運動全体を自分の目で見ることはできないから，習練の場で自らの動きを動感図式で捉えることは，今も昔も変わらないはずです。ところが，手軽に自分の再現映像を見慣れることで，自分の動感意識が空虚なまま〈欠点を知る〉ことと〈動感質の違いがわかる〉ことの区別がわからなくなるようです。私たちの運動における〈身体発生〉は，このようなこと細かな精密な情報がなくても，運動全体を一気に真似る〈運動模倣〉[*183] の世界が隠されていることに気づかなければなりません。情報量が多いほど問題解決の糸口が見つかるという科学的思考は，動感発生の問題では混乱を招く原因ともなるのです。映像機器を駆使した練習をよく〈科学

---

*182 クルト・マイネル／金子明友訳（1981）:『マイネルスポーツ運動学』大修館書店　388 頁
*183 金子明友（2005）:『身体知の形成（上）』 明和出版　352 頁以降

的な練習〉と呼ぶ人もいますが，それは単に便利な機器を使った練習であって，動感質の〈身体発生〉の営みに科学が立ち入る意味ではありません。本来，自然科学とは再現可能な現象を抜き出して，解明していく学問なのですから [*184]，〈科学的な練習〉という意味もややこしいものです。

§ 88　動感感覚をどのように伝えるか

私たちの動感能力の発生は，ただ失敗や成功を繰り返しながら独りでに〈できる〉こともあるし，指導者の計画のもとで〈できる〉ようになる可能性も持っています。運動に関していえば，他の動物と人間の違いは，動感形態の発生に関して言語を使い，その技能を伝承できることです。宙返りの芸を覚えたサルが仲間のサルに宙返りを指導することはありません。まして，サル自らが獲得した宙返りをより習熟を高め，自らがひねり技へと向かうことはありません。

私たちは高等動物として言語を所有していますから，他者と高度なコミュニケーションをとることができます。指導実践でも，選手の戦術的行動を指示したり，〈動きかた〉を指摘するとき言語を使います。その言語はやがて，動感発生の場面で〈動感言語〉という形で現れてきます。自分の動感質を語ることや動感内容を他人に伝えることはきわめて難しく，そこでは擬態語や仕草などを使うのが一般です。というのも，マイネルも指摘しているように，体育指導者やコーチはいろいろな方法によって，補足的な表象や比喩的な比較でも，これらの運動覚を言語で捉え，修正の中に取り上げていく努力をするものです。教師の任務は，なかでも運動をうまく行うことに直結した運動感覚を生徒にわかりやすい形式で伝えることにあります。たとえば，「動きのこのところでは自分が重くなるような感じを持たなければいけない！」(自我の身体の有効な重量感)，あるいはスキージャンプでは，「空気の上に伏せる感じを持たなければいけない！」(〈空気まくら〉に乗った力の感じ)。位相Bにおいては，「運動感覚を明確化し，言語で表すことは運動を意識して把握し，修正するのにきわめて重要である」[*185] と述べています。そこでは，空虚で

---

*184 中谷宇吉郎（1968）:『科学の方法』 岩波新書　17頁
*185 クルト・マイネル／金子明友訳（1981）:『マイネルスポーツ運動学』 大修館書店　392頁

形式的な言葉は運動修正に役立たないからです。

教えるのが上手な先生は，このように適切な比喩を使い，わかりやすく感覚質を伝える動感能力を持っています。それはその先生の動感経験と絡んでいるもので，感覚経験のない人がそれを形式的な言語として伝えたところで，なかなか微妙な意味発生とは絡みません。コツを共有している人たちが動感感覚を語るうちに，その動感質についての新しい言葉を作り，そのスポーツ特有の私的な〈動感言語〉が成立する場合もあります。それはきわめて小さな練習集団の中で通用するものから，そのスポーツ種目を経験している人に一般的に広く通用するものまであります。この動感言語をどのように体系化していくかという問題は，運動伝承にきわめて重要ですが，その研究はまだ緒についたばかりです。

今のところ，学習者に動感能力を発生させるために使われる言語は，それぞれの指導者が直面している動感情況に合わせて，擬態語や仕草を使いながら感じを伝えるだけにとどまっています。技芸の達人が次世代に自らの技能を伝承しようとするとき，この問題はきわめて重要となってきます。「自得するものだ」と師匠が本人の努力を眺めていても，弟子が「教えてもらえない」と去ってしまえば伝承が途絶えてしまいます。「後継者がいなければ困る」と書き物に残して次の世代に伝えようとしても，伝書だけで，師がいないまま独学で学べるとは思えません。現在では映像技術を駆使して，師の技能を映像情報として保存しておけばよいと考える人もいます。ところが，それはオリンピック選手の映像情報を保存して見せれば，オリンピック選手が育つという単純な考え方です。われわれの想像を超えた高度な技能を有する人の再現映像から，凡人がその動感質を読み取るのはきわめて難しいことなのです。

昔は犯人検挙にモンタージュ写真という合成写真を作成し，情報提供を促していました。最近ではモンタージュ写真ではなく，手書きのイラストで犯人の似顔絵で情報提供を求めています。写真は「真実を写す」と書きますが，合成写真はまるでその人が現実にいるような錯覚に陥ります。一般的な写真は日付と時間が固定されますから，たといモンタージュ写真でも同一の人がいるような錯覚に陥ります。それは合成された架空の人物の写真ですから，はじめからその人は存在していないのです。一方，似顔絵によるイラストは，「似ている」という枠組みで「犯人みたい」と判断することになります。犯人に関わる情報提供をより多く求めるのであれば，合成写真よりもイラスト画のほうが情報提供が求めやすいのは当然のことかもしれません。

運動指導場面でも，映像ではなく手書きの線画を描くことで，動感質を上手く伝える方法を用いる場合もあります。線画は描き手の想像に任されていますから，デフォルメして伝えたい動感内容を表すことができます。イラストレーターはデフォルメして似顔絵を描きますが，それは現実にいる人の特徴を浮き彫りにできるから，その技能が認められるのです。運動の指導者の中にも，自らが捉えている微妙な動感質や，相手に伝えたい動感感覚をデフォルメして〈動感画〉を描く技能を有する人がいます。仮にそのような技能を持った人に，自らの動感表象を伝え，動感画を描いてもらおうとすれば，「他人にどのように動感内実を伝えるか」という問題の振り出しに戻ります。ですから動感画を描く技能は，指導者自らが獲得する技能となるのです。美術教師でなく体育教師になるのに「なぜ絵を描くことを覚えなければいけないのか」という，低次元の議論が起こる可能性もありますが，体育指導者養成機関で動感画を教える授業が喫緊の本質可能性として待たれるのはこの意味においてです。

§ 89　動感意味を書き留める

このような動感言語は，他人の動感形態の発生にだけ使われるものではありません。「コツをつかんだ」といって喜んで，忘れないように練習ノートにコツを書き留めても，次の日にはそのコツが通用しないことはよくあります。コツというのは動感メロディーの核となる動感志向性ですから，ノートに書き記された言葉からその動感質が蘇ってこないようでは意味がありません。「あの感じ」をどう表したらよいかという動感言語を探し出すことに苦労し，文字にしたりときには絵に描いてコツを書き記したりしながらも，動感質はなかなか私たちの前にその姿を現してくれません。ただ書き留める努力は，そのときは自らの動感意味内容を振り返っているのですから，実際に身体を動かす内在経験としての習練と同じ価値があるのです。

実際に位置移動のない動く感じは，単なる想像的なものとして批判が絶えませんが，フッサールのいう〈動感感覚(キネステーゼ)〉[*186]は，運動する以前に動感志向性として機能しています。先構成される志向形態を，行為の決断として「やってみる」こともあれば，「やらない」こともあります。行為の決断を呼び覚ます志向形態は，運動以前の営みですから，それは実際に運動を行わなくても充実化できるのです。その動感意味内容は，まさに「ありありとわが身に感じとれる」から，寝る前に練習ノートにうまくできない動感問題を書き記そうとしているうちに，新しい〈意味発生〉に巡り会うこともあります。昔から「練習日誌をつけなさい」と指導者が口を酸っぱくしていうのは，自らの動感意味内容を反省する機会として重要視しているからです。

「できた」と叫んで小躍りして喜ぶだけでは熟練への険しい道程を歩むことなどとうていできません。動感形態が解体し消滅するたびに振り出しに戻るようでは，どんなに時間があっても熟練の道へと歩を進めることはできません。だから，私たちは内在時間の中で流れつつある動感感覚を書き留めるという難しい課題を克服しなければならないのです。一流選手はコツを書き留めた練習ノートを何冊も持っています。動感形態の意味発生の動機づけは，身体を動かしているときだけではなく，全生活の中でその実践可能性が拓かれているのです。そこまで真剣に動感形態の〈意味発生〉に関わったことのない人たちは，「スポーツ選手は頭を使わずただ体を動かしているだけだ」と貶(おと)しめる始末です。

サルは自ら芸を磨き上げることができませんが，〈動感身体で考える〉人は動感形態を無限に磨き上げることができます。「生ける身体で考える」ことができず，無意味な反復で運動を覚えようとしている人は，「サルが芸を覚えるのと同じ」といわれかねません。マイネルも運動を磨き上げる段階では，動きと「同時に考えるような生徒が最も早くトップを切ることになろう」[*187]といい，生徒が考えながら同時に動くことは，スポーツ運動における基本的な前提であることの重要性を指摘しています。〈動感身体で考える〉ことは，「動感感覚質を目覚めさせる」ことですから，数学の問題を解くため

*186 金子明友（2015）：『運動感覚の深層』 明和出版 19頁以降
*187 クルト・マイネル／金子明友訳（1981）：『マイネルスポーツ運動学』 大修館書店 398頁

に「考える」こととは意味が違います。

§ 90 自らの動感身体と対話する

〈まぐれ〉で発生した動感形態を，「私はできる」という〈意味発生〉を持つ動感形態へと昇華させるためには，自らの動感感覚と向き合う必要に迫られます。ところが「何も考えずに反復している」だけでも，身体知は受動世界で動感運動を統覚化し習慣化させるからやっかいです。「自らの動感身体で考える」こともなく，システム化された練習量をこなすだけで，素晴らしい技能を身につけられると信じている人も少なくないからです。マネジメントこそが効率的な運動指導で，素晴らしい生産ラインが完成して，それに乗ればやがてオリンピック選手になれると思うようです。このような考え方は，大量生産を行う生産ラインの考え方です。仮に金メダルを取ることを目標としたら，大量生産方式ではその夢は実現しません。というのも，同じ動感質を持つ人間がたくさん出現しても「金メダルは一つ」しかないのです。「人と違うことをしないと金メダルは取れない」のであれば，大量生産方式で金メダルを取ることができません。むしろ，途中で不良品として扱われ，生産ラインから落とされた選手に金メダルの可能性があるのかもしれません。

競技スポーツは，自らがそのように動けなくとも，人間の可能性を広げるから人びとに勇気と感動を与えますが，ただ他人を喜ばすためだけに自らの人生を犠牲にする人はいません。本人自らが技を磨く醍醐味を覚え，自らの動感身体の本質可能性が広がるから，技能が低い選手でもスポーツに熱中することになります。体育や競技スポーツで運動技能を獲得するためには，動感身体で考え，そこで獲得した知恵は，他のスポーツへの積極的な取り組みを促し，老いて動きにくい物質身体と対話し，その障害を乗り越える知恵へと転じるのです。だから体育や競技スポーツは長い人生に〈生きる活力〉を育むことになります。「自らの動感身体との対話」を欠いては，このような知恵は獲得できないのです。

動きかたの習得は，カンニングすることもできず，他人に頼っても技能の向上はできないからこそ，きわめて高い教育的価値を持っているのです。その自我身体との対話は，自らの意識ですから，自ずと〈他我〉を形成していくことになります。それは，「自分の中のコーチ」と呼ぶこともあるし「もう一人の自分」と呼ぶこともあるでしょう。運動技能の習得を通して〈他我〉を形成することができるから，私たちはサルが芸を覚えるのと違った，運動文化としてのスポーツを伝承することができるのです。「自ら考える」ことを捨ててしまえば，調教されたサルと同じになってしまいます。「自ら考える」ことによって，「技を磨くことができる」高次元の身体発生の生活世界は人間だけが手に入れることができるのです。

§91　自在化位相の境地に注目する

私たちの運動は「触発化位相」「探索化位相」「共鳴化位相」を介して〈意味発生〉に至り，さらに「確定化位相」を経て，ようやく「洗練化位相」に入ることになります。最高位の洗練化層位の自在化位相では，もうすでに「カンが働くとできる」とか「コツがわかった」という自覚もなく，「情況はどうなっているのか」という〈カン〉や「どう動くべきか」という〈コツ〉の動感作用はいっさい背景に隠れてしまいます。動感運動の形成化位相における自在位相は，「私の身体知が生みだす〈わざ〉の最高の至芸段階にあり，どんな情況の変化に会っても，自ら動くのに何らの心身の束縛もなく，まったく思うままに動いてすべて理にかなっているという層位です。」[*188] そのような自在化位相に達している動きかたは，日常生活でも見かけることができるのです。

待ち合わせの時間に間に合わないと思って走ったとき，それは腕時計を見て，「自分の歩行速度では待ち合わせ時間に間に合わない」と計算をして，意識的に「走る」ための自己指示を出したのではありません。「待ち合わせ時間に間に合わないかもしれない」という不安感が先にあるから，腕時計を見ることになるし，その不安がさらに増すと，足は勝手に早歩きをはじめます。一方で腕時計を見て「遅れてもいいや」と自分の不安を解消したとたん「普段よりゆっくり歩く」ようになります。

駅のホームの階段で，人が大勢降りてくると，電車がきたと思い急に階段を駆け足で上っていく人がいます。急いでいる自分は，発車の音を聞く志向

*188 金子明友（2005）：『身体知の形成（上）』 明和出版　360 頁

性を投射しながら，情況投射化作用としてのカンが働き，駆け足というコツで階段を駆け上がります。まさに動感身体は〈自らの心の表出〉として，思う動きを自在に引き出してくれます。このような日常的な動きかたは，自在性を獲得した自分が「いつどのようにして覚えた」という自覚もなく，独りでに〈身体化〉され〈習慣的自在性〉を帯びています。

スポーツ実践場面でも，技の極致をきわめた選手が神業と称されるような素晴らしい動きを披露します。あらゆる習練を積んで自由無碍に動ける選手は自在化位相の境地にいるといえます。それは自らの動感能力を能動的に捉えながら，意識的な改善によって獲得され，さらに磨き上げられて極致としての〈習練自在性〉に辿り着いたものです。いつの間にか習慣化して身についてしまう習慣的自在性も匿名性を帯びていますから，あわてて駅のホームを駆け足で上った人が「どのように駆け上がったのか」と自らの動きに問いかけても，なかなか答えられるものではありません。一方，〈まぐれ〉の出現に驚き，何とか自分が〈できる〉という確信を持てるように，動感形態を獲得しようと努力の道を歩むのが，スポーツ実践場面です。そこではコツに悩み，カンに振り回されながら，「私はそう動ける」という確信をつかみながら，習練自在性を目指すことになります。

特に球技などでボールをコントロールする技術は，習練自在性を獲得していなければ，ゲーム情況を把握することも難しくなります。自転車を漕ぎながらメールを打つことができるように，ボールコントロールをしながらゲーム情況を捉えることができなければなりません。自在性を獲得したボールコントロールのコツを背景に沈め，まさに顕在化される動感意識がカンとして情況を捉えることになります。受動世界の動感形態は絡み合いながら，非顕在化地平としての〈地〉と，顕在化地平としての〈図〉を持ちながら，それは同時に反転化を繰り返すことになります。もはやそれは能動的に「気づくことも，気づかないこともできる」自在性を獲得していることになります。

§ 92　逃げ水のような動感世界に生きる

私の意識に先立って動く動感身体では，その動感質を振り返ることができる〈習練自在性〉の中に，新たな価値意識とともにさらなる熟練へと立ち向かわせる本質可能性が潜んでいます。この最高到達点と捉えられる洗練化位相は，いつまでも私の動感形態の定常を保つものではありません。私の中に新たな動感価値意識が芽生えれば，再びその動感形態は原志向性を含意する原触発化の地平へと回帰することになります。そこでは，動感志向形態が解体して，まったく動けなくなるのではなく，自ら追い求める新しい価値意識の中で〈できない〉という苦悩なのです。素人が外部視点から見れば，いつでも素晴らしい動きかたに見えますから，「あんなに完璧なのになぜ悩むのか」と不思議に思われます。

夏の暑い日に一本道のアスファルト道路の遠くに，おぼろげに水たまりのようなものが見えることがあります。ところがそこに辿り着いたときは，そこには水たまりのようなものがなく，さらに向こうに再び水たまりのようなものが見えてきます。〈逃げ水〉と呼ばれるこの現象と似ているのが，私たちの習熟への無限の道です。洗練化位相という境地をきわめたと思ったときに，新たな価値意識が次つぎと芽生えてくると，今の自分に満足できなくなります。形成化位相は価値意識に支えられて，多くの層位を通り抜けるのですから，新たな価値意識が芽生えると原志向性の〈なじみ地平〉へと回帰するのです。ただ回帰した原志向的なじみ地平は本人の高次元の価値意識に支えられていますから，まったくの初心者になるわけではありません。〈人間国宝〉と呼ばれ，その技芸に最高の評価を与えられても「まだまだです」と習練を続ける人がいるのはこのような意味においてです。他人の評価よりも自分の求める道を追求し，生涯現役としてわざの極致を求めて習練を続ける人たちは，つねに新たな価値意識を生みだし，それに向かって生き生きと習練を続けていきます。

私たちも，目標を持って試合に臨み，すべてがうまくいって目標が達成されたとき，満足した試合にもかかわらず不思議なことに，「あそこはこう動けばよかった」というような本原的反省が生まれてきます。その反省は，試合前にはまったく考えていなかった〈新たな反省〉であり，それは試合前よりも高い価値意識が芽生えて反省をしているのです。ですから，次のステージに入った選手は，仲間から〈終わった試合〉を褒められても嬉しい顔をしません。新たな目標を見い出しては歩き続けることは，私たちが人生を生き抜くことと共通します。「生まれたら死ぬ」という宿命を持って生きる私たちは，生命ある人生の「あいだ」をどのように，生き生きと暮らすかを考えることになります。何かの目的に向かって進み，その目的が達成されたときには，同時に新しい目標が発生するから，私たちは際限なく〈開かれた目的論〉に即してその動感世界に生き続けることになるのです。

終 章

発生分析こそ運動学の基盤となる

§ 93 運動伝承の危機が迫る

コツやカンという〈動感能力〉は実際に自らの身体を動かす営みを支えています。だから，動感身体だけでなく，物理的，物質的な身体の側面と関わりを持ち，生理学的身体の機能向上との関わりを否定することはできません。この生理学的な身体メカニズムが科学的に研究されているからこそ，以前では現役を引退せざるをえない大怪我でも，現代では再び現役に復帰できる可能性が開かれているのです。昔では選手生命を絶たれるような大怪我でも，あらゆる科学的思考を重ねて，物質身体の修復に希望が持てる時代になってきています。しかし，筋力の端的な増強でもスポーツの技能達成に影響を及ぼすだけに，筋力増強剤などの薬物ドーピングが後を絶ちません。さらに体力医学の進歩は，やがて筋力トレーニングをしなくても，人工的に手術を受ければ，筋力が増強する可能性も持っています。筋力増強剤が薬物ドーピングと騒がれますが，人工的に生理学的身体を改造した競技スポーツ選手は違反にはならないのでしょうか。

人間の持つ〈身体知〉は自覚されずに動きを発生させる特徴がありますから，機械的な反復でも，日常運動の習得のように〈動ける〉身体知が形成されることになります。それを理由に，ベルトコンベアの上で人間を走らせ，徐々にスピードを上げる練習を繰り返すと，以前より速く走れるようになるかもしれません。速く走ることを目的としていれば，このようなトレーニングは「目的を達成したのだから問題ない」と考えられます。そのトレーニング方法と「以前より速く走れた」結果が，因果で結ばれ「このトレーニングは，速く走るのに有効である」という結論に導くことができます。ところが，そこでは〈走らされた〉動感能力を〈走る〉動感能力へと組み替える，いわば〈受動身体知の構成化〉が密かに関わっていることを見落としてはなりません。それを見落として成果主義に走れば，アスリート養成は自らの運動感覚をつかむ工夫をいっさい遮断し，効率のよい機械的反復を強いてよいことになります。さらにエスカレートして，筋力の肥大がそれに関わるという因果関係を導けば，筋力増強剤の使用はドーピング検査で違反となりますが，手術によって人工的に筋力を補強すれば問題ないという結論さえ見え隠れします。それにかかる費用は，選手自身ではなくスポンサーが支援するとなると，莫大な費用を出資した人たちが，奴隷として「自分の商品として」アスリートを支配することになります。それは，古代ローマで剣闘士をコロセウムで戦わせた時代の再現となりえます。新しい水着の開発で記録が伸びることが証明されると，優勝しても選手の努力は陰に隠れるから「泳ぐのは俺だ」と主張する北島康介選手の発言は，現代の競技スポーツの微妙な本質問題を指摘したのかもしれません。「私たちのスポーツは，根本的にどうあるべきか」という本質問題の論議は焦眉の急となります。

運動文化の伝承危機は，伝統文化継承者としての陶芸家や塗り物師などの〈わざの伝承〉にも迫っています。〈手わざ〉によって生みだされる高度な作品は，〈手わざ〉の伝承なしに継承することはできません。それは〈動きの感覚質〉の本原的伝承を意味します。ところが優秀な陶芸家の作品でも，その価値を見抜けない人にとっては，ただの高い買い物でしかありません。お皿としての機能を考えれば，機械化により大量生産された安価なものでも目的は達成されます。お皿の機能として形式的な実用価値だけを求めるのであれば，高価な陶芸家の作品は必要ありません。さらに大量生産された湯飲みと有能な陶芸家の湯飲みとの違いを，世の中の人が誰もわからなくなれば，〈わざ〉を伝承する価値さえも消えてしまいます。何百年も伝承されてきた伝統文化を次の世代に伝えられなければ，その文化史はそこで終わりとなります。それらを価値あるものとして評価する能力を持つ人たちがいるだけではなく，一方で，その技を伝承する後継者が消えれば，伝承の歴史は終わってしまうのです。

このような伝承危機問題が生じるのは，私たちが〈価値を見抜く〉という能力可能性を失いつつあることに求められます。「わかる人にはわかるし，わからない人にはわからない」という〈能力可能性〉は，現代社会においてきわめて〈主観的〉でしかないとして排除される傾向さえあります。大量生産の陶器と陶芸家の作品の見分けもつかない人たちが増えれば，その美術価値は消滅してしまいます。また一方で，努力して磨きあげた技を披露するアスリートの〈動きの価値〉を捉え，それに感動する人がいなくなれば，スポーツは伝承に値する文化ではなくなってしまいます。私たちは生まれたときは，早産として落とされた動物といわれていますが，その後，人間の手によって教育，陶冶されて，人間として高次元の動きかたを身につけることができるようになります。つまり人間の身体教育そのものが，この運動文化の伝承の鍵を握っているといっても過言ではないのです。

§ 94 体育の教育的意義を問い直す

人間の身体教育こそ運動文化の伝承の鍵だから，体育もその教育の一環として重要であることは間違いありません。だから学校教育として必修化されている体育は，どのような教育的意義があるのかという本質問題に改めて切り込む必要があります。

1872（明治 5）年の学制改革で学校教育に参入した〈体術科〉は〈体操科〉〈体練科〉の道を歩み，敗戦後のアメリカ教育使節団により健康意識を高めることと相まって〈保健体育科〉へと変わりました。その後，現在に至るまでわが国では，保健の授業と体育実技とを行う授業形態が確立したのです。

特に保健的な意味合いを強く持つ健康教育は，現代社会の価値観と絡み合い健康意識を持ち，ジョギングやウォーキングする人たちを見かけることに違和感は覚えない昨今です。その中で，学校体育の実技授業も保健体育という名称と，健康意識の増大に伴い「健康体力づくりのための体育」という理解が一般的となりつつあります。機械論的因果に慣れ親しんでいる私たちは，「体育実技は健康のために行うものである」という，一面的な認識に違和感がありません。体育とは学習指導要領でも，「生涯にわたって豊かなスポーツライフを継続する資質や能力を育てるとともに健康の保持増進のための実践力の育成と体力の向上を図り，明るく豊かで活力ある生活を営む態度を育てる」*189 ことを目標としています。生涯にわたって豊かなスポーツライフを継続する資質や能力の養成として，体育実技が行われていることは特別問題がないように思われます。ところが，体育の授業で行われる実技種目の延長以上に，生涯にわたるスポーツライフの継続があるだけではありません。教科内容として位置づけられている種目が，生涯にわたるスポーツライフへの基礎となる理由も見当たりません。それでは都合が悪いから，健康の

*189 文部科学省（2009）：『高等学校学習指導要領解説』 11 頁

保持増進や体力向上のための実践力の養成に力点を置けば，健康の保持増進や体力づくりを目的とした実技という解釈に向かうことになります。

たしかに，私たちが運動を行った後には，たとえば，走った後には息切れがしたり，激しい運動をした後には筋肉痛を自覚したりして，その物質身体の変化に気づきます。そのような変化を自然科学的分析によって説明することで，われわれの物質身体の変化は生理学的な〈健康〉という概念と結びつけられることになります。健康診断では身体を構成する物質機能としての正常値が示され，その範囲であれば「健康である」といわれることになります。そのままでは健康を維持できる自信がないから，健康維持の積極的な手段として，身体運動に注目が集まり，スポーツジムに通ったりジョギングやウォーキングをする人たちが増え続けることになります。生体機能に異常がないだけでは健康ではなく，それを維持する体力も必要だから身体運動は不可欠なのです。国民の健康を守るためには〈体力向上〉が必要だから，義務教育の中で教科としての体育実技を必修化することになり，保健の知識を教授し，体力づくりのために体育実技を展開する保健体育という教科には異論を挟む余地はないと考えることになります。

ところがジムやスポーツクラブでも健康体力づくりの運動は行われ，そこでは専門家による運動処方が展開され，不足している体力を個人別に効率よく向上させることになります。だから学校で行われている健康体力づくりの体育と，ジムやスポーツクラブの健康体力づくりとの違いは何かという疑問が湧いても不思議ではありません。〈逆上がり〉を練習したり，バスケットボールやバレーボールでドリブルやパスを覚えたりして，実際に展開されている体育実技では，健康体力づくりの目的を効率よく達成しているのでしょうか。サッカーを行うことで高められる健康体力づくりと，〈逆上がり〉を行うことで高められる健康体力づくりは，生体としての筋力の発達部位も異なります。体育の授業の意味を健康体力づくりに求め，本人の不足している体力面をカバーするという結論に導けば，わざわざ運動技能を習得しなくてもよいことになります。

そこで求められる教師は運動処方に長けた専門家であって，運動技能を教える体育教師は必要がなくなってしまいます。そうなれば，体育指導者養成機関で実技授業を展開する必要もなくなり，健康体力づくりを取り巻く科学的な知識を教授すれば，体育の教師が養成できることになります。それは，体育指導者養成機関でなく，生理学的身体を専門的に研究する医学系の大学で高度な知識を身につけたほうがよいから，体育指導者養成機関としての大学は存在理由を失うことになります。

§ 95 体育教師の独自な役割は何か

健康体力づくりが体育の中核をなす課題となると，運動技能習得の意義は打ち消されてしまいます。健康体力づくりの目的のために体育実技が展開されると主張してしまえば，ジムやスポーツクラブのインストラクターが指導し，特に体育教師は必要ないといわれてしまいます。運動技能習得が体育の中心的な課題であると主張しても，技能習得だけであれば，各種目の専門家であるプロコーチに任せたほうが成果はあがります。サッカーの技能を向上させたければ地域のサッカークラブに入ればよいし，野球チームも数多くあります。運動種目の技能向上だけを目的とするならば，地域の専門スポーツクラブに入ればよいから，体育教師はやはり行き場がなくなってしまいます。このような議論に歯止めをかけなければ，体育教師は必要なくなってしまいますから，最後の抵抗として，〈教育〉を体育の意義と謳うことになります。そこでは，体育は単なる技能習得や健康体力づくりだけではなく，その背景に〈教育〉があるから重要なのだと主張することになります。なんとか〈教育〉という名を借りて体育の存在価値を認めさせようとしても，「体育で展開される教育とは何か」という問題に切り込まれると再び体育不要論に火がつくことになります。

〈逆上がり〉を教材として取り上げ，その技能習得を課題としても最終的にできなかった人には，「努力したことに価値がある」という人間教育的な側面を主張することは珍しくありません。教えることができない体育教師でも，教師の隠れ蓑を使い，できなくても楽しい体育を展開することができるからやっかいなのです。運動を媒介として人間教育を展開し「努力することに価値がある」と主張すれば，別に〈逆上がり〉などにこだわる必要はなくなります。逆上がりが努力してもできなかった子どもに，「できるように努力したことが大切だ」と諭しても，子どもの側からいわせれば，「同じ努力をするなら逆上がりでなくてもよかったはずだ」と切り返されれば身も蓋もありません。「なぜ，逆上がりを課題にしたのか」と問われれば，最後は学習指導要領で「基本的な上がり技」を覚えることになっていて，それは〈逆上がり〉のことだと虎の威を借りるだけとなります。

「体育は学習指導要領で，教科として位置づけられているから必要である」という結論しか導き出せないまま，学習指導要領に沿って授業マネジメントをしていれば，子どもたちに体育という教育を展開していると主張できるのでしょうか。教育内容も曖昧なままその営みを展開できるはずもないのに，運動技能習得を子どもたちの自得に任せて，授業展開の効率的管理をすれば教育できるというなら，他教科の教師でも体育の授業は展開できることになります。体育という教科が必要とされても，このような授業内容は体育教師でなくても展開できるのだから，体育教師は不要といわれても仕方ありません。

体育における運動技能習得は〈健康体力づくり〉を主要な目的にすると，その身体運動はいわゆる〈媒介運動〉にすり替わってしまいます。それでは，地域のスポーツジムで運動処方を受けることで体育の授業は代替可能になります。運動技能習得を全面的に打ち出したところで，高度な専門技能の向上に直結すれば，スポーツクラブのアスリート養成へと向かうほうが効果的です。「そこそこできればよい」と子どもたちの自得に任せて，授業展開の管理をしているだけならば，誰でも体育授業はできます。「体育授業の中で社会性を身につける」と人間形成の問題を前面に出せば，〈逆上がり〉などの運動財の意味は失われ，他教科でも社会性は身につけられるからと，その独自性は怪しくなってきます。もはや四面楚歌の状況に追い込まれている体育の存在理由ですが，それは成果主義に翻弄され，体育の目的を客観的な生理学的成果と因果法則で結ぼうとするからややこしくなるようです。健康体力づくりや運動技能習得という二つの方向性は，体育という教科の本質的必然性を開示していませんから，その要となる身体教育の意義を見いださなければなりません。体育の授業では，健康体力づくり的な効果も期待できるし，運動技能を身につけることは素晴らしい教育的意義があると言い切れる，本質必然的な身体教育の意義を検討することは決して無駄ではありません。

芸を覚えたサルが他のサルに芸を伝承することはできません。隣のサルの芸を見て，自らがもっと上手に新しい動きかたを工夫するサルもいません。私たち人間は運動習得において，その動きかたに新たな価値意識を生みだし，自らの〈身体知〉に磨きをかける本質可能性を持っているのです。それがサルが芸を覚えることと截然と区別できる人間の身体能力の意味核なのです。だから形式的な方法論の中に封じ込められた身体トレーニングは，人間を動物と同じレベルに向かわせてしまうと批判されても仕方ありません。逆上がり練習器の前で一人黙々と練習をして，「逆上がりができた」ことは，〈コツ〉を覚えた喜びはあっても，そこに体育としての運動財の教育的価値は生みだせるのでしょうか。努力したことに価値があるという人間形成の教育的価値を持ち込めば，運動財は逆上がりでなくてもよいことになってしまいます。健康体力づくりに理由を求めれば，ジムで〈進まない自転車〉や〈行き着かないベルトの道〉を走っても同じことになるのです。

体育実技で展開される運動技能の習得という，動感質の意味発生の教育的価値を見いだす端緒は，身体能力の発生がつねに受動的匿名性に埋没しているものではないのです。それは，自らの身体が思い通りに動かない〈反逆身体〉に巡り会うということに他なりません。〈したい－できない〉という葛藤こそが，新しい身体知の形成に向かわせるのです。その〈反逆身体〉をどうにかして自らの思い通りの〈駆使身体〉へと変えようとするとき，われわれは身体知に能動的に関わり合うことになります。そこでは，自らの手足が自由に動かないことに腹を立てながらも，どうしたらよいのかという〈コツ〉や〈カン〉を探すことになります。やがて〈コツ〉をつかみ〈カン〉が働くと，今までできなかったことが嘘のように，新たな動感志向形態が発生するのです。

身体運動が全体としてはじめて体験される決定的瞬間は，思いがけなくやってくるのであり，それは突然の喜びとなります*190。動感感覚の発生は，歩き進むと目的までの距離が短くなることと違い，一気に目的に達することができるから，有機体の運動形態の発生は〈ゲシュタルトクライス［円環構造］〉

*190 クルト・マイネル／金子明友訳（1981）:『マイネルスポーツ運動学』 大修館書店 379 頁

の原理を持つことになります。動感意識の中で順序性を持たない〈コツの発生〉の中でも，私の動感意識は空虚から充実へ向かう〈コツの足音〉が聞こえることになります。「もう少しでできそう」と〈コツの足音〉が聞こえてくる人は，時間を忘れ動感発生に没頭することになります。われわれが他の動物と截然と区別されるのは，「身体知の形成過程に能動的に関わり，コツやカンを駆使して新たな動感形態を発生させることができる」ことなのです。

§ 96　新しい身体能力の意味核に注目する

人間の身体知が〈受動発生〉だけでよいならば，調教師がサルに芸を仕込むように，体育教師が生徒に何度も反復を求め，自得させればよいことになります。生徒たちも受動発生したコツやカンそのものに何の〈価値知覚〉も見いだせないとすれば，餌をもらえるサルと同じレベルなのです。このような調教師的な体育が横行すれば，自らがどのようにして運動を発生させたかという，能動的志向性は空虚のままに止まります。そのような体育を学べば，生理学的身体の形成は量的反復と比例するだけですから，生理学的身体が低下した老人は，過酷な量的反復に耐えられず，新しい身体知のコツやカンは放棄せざるをえない状況に追い込まれてしまいます。たとい意欲的な若者でも，砂を噛むような量的反復しか新しい動感発生がないとすれば，新しい動感能力を断念せざるをえないことになります。それでは，「生涯にわたって豊かなスポーツライフに繋げる」体育の目標とかけ離れてしまいます。

ところが再三指摘しているように，人間はいつでも能動的にコツやカンの発生に関わることができるのです。つまり，自らある技能を覚えるときには，自らの身体と対話しながら，意欲的に動感形態を生みだしていく知恵を持つことができるのです。それこそが学校体育で主題化される教育的意義の意味核なのです。自らの身体知の形成に能動的に関わる体育の教育の営みは，新しい運動習得場面で自我身体と対話できる態度を生みだすことになります。その教育成果は，やがて生理学的身体の衰えを感じながらも，その自らの身体と対話できる〈能力可能性〉を育てることになります。〈反逆身体〉を克服した生き生きした内在経験は，あらゆるスポーツ技能の獲得への期待を生みだしますから，積極的にスポーツライフを楽しむ原衝動性へとつながっていくのです。

体育の授業では〈反逆身体〉の内在経験を捉えさせ，子どもたちに〈反逆身体との対話〉を誘い，そこで能動的に身体知を形成させることに向かうから，新しい運動を覚える知恵を身につけることになるのです。そのわが身にありありと感じとれる本原的な知恵は生涯にわたり，スポーツライフを継続する知恵にもつながるから，誰しもがその教育を受ける必然的可能性があるのです。さらに能動的に身体知の形成を捉えた子どもが，さらなる専門スポーツ種目の高度な技能獲得へ新たな意欲を燃やすことにもなるのです。その上で健康の維持増進という価値意識も平行的に生みだしますから，体育は本質必然的な身体教育として浮上してくるのです。子どもが体育の授業で，自らの身体と自問自答を繰り返すことは必然可能的に〈他我形成〉にも大きく貢献するから人間形成の教育として不可欠な意義を持つのです [*191]。こうして，新しい身体能力の能動的な形成こそが体育の中核的な陶冶内容であり，生涯にわたって生き生き動ける人間を育む〈運動基盤〉をつくることになるから，義務教育の中で必修化されることに何も異論を唱える必要はなくなります。しかし，このような体育の教育学的意義を主張するのであれば，新しい身体知の形成から捉えた教材の見直しも必要となります。〈徒手伸長化能力〉を主題化した運動課題，〈付帯伸長化能力〉を主題化した運動課題など，実技種目の特性を身体知の構造体系から整理する必要に迫られます。そこで求められる体育教師の能力は，今まで以上に子どもの身体知を読み取れる能力が求められてくるから，スポーツ運動学は体育指導者養成機関で，教職課程の必修科目に位置づけられることになるのです。

〈人間〉という言葉は古来中国から仏教とともに，日本に入ってきた言葉です。その教典に書かれていた〈人間〉という言葉は，文字通りの意味で「人の間（あいだ）」を意味して，今でいえば〈世間〉という意味だったようです。日本ではそれを〈人〉を表す意味として使ってしまったのですが，そこに問題が起こらなかったから，今では〈人間〉は現在のような意味として使われています。その誤読が通用したのは，日本人が人の本質を個人の内部に求めるので

*191 金子一秀（2002）:「体育授業の教育学的意味－運動学的視座から－」 東京女子体育大学紀要第 37 号　9 頁以降

はなく，他人との間に見ていたから，他人との間を意味しても一人の人間として受け入れられたようです[*192]。外国人から見れば不思議に思うほど，他人を気にする日本人の特性は今始まったことではないようです。この人の間に大きな問題が生じれば，精神的な病となるし，その間を断ち切れば〈いじめ〉になります。たとえば，クラスの仲間たちは人間として間でつながっていますが，その中の一人だけ間を絶ち〈無視をする〉ことは，きわめて陰湿な〈いじめ〉となります。それは仲間としての〈人間〉の間を断ち切り，〈人〉にしてしまうわけです。また〈人間〉として生きているにもかかわらず，他人との間を自らが断ち切り〈人〉に成り変わり，残虐な事件を起こすこともあります。相手のことや相手の間を通して見える人間関係を考えれば，このような事件は起こりませんから〈殺人〉は人が〈人〉を殺すことになるようです。体育でも運動課題ができることを夢を見る〈人間〉は，夢の実現に向かって仲間とともに努力をすることになります。仲間との〈間〉を断ち切った〈人〉になれば，人が夢を見ることになるので，「儚」という漢字が意味するように，実現できない「人の夢」になってしまうのです。

このような人間としての〈間〉を持てるように育てるのが人間教育であり，そこに体育の教育も関わることになります。当然体育の授業でも，教師と生徒の間や生徒と生徒の間に，人間教育の本質的必然性が見いだされることになります。学校体育における運動学習，つまり〈動感発生〉の学習は，そこに関わってくる教師と生徒，ないし生徒と生徒の主観身体相互の〈出会い〉の成立によって活性化してくることになります。つまり，教師の主観身体と生徒の主観身体が，まずコツやカンについて交信可能な〈動感出会い〉を保証する〈間主観性〉の関係系が際立ってくることになります。この〈身体移入〉の可能性は，幼児が母親に語りかける言葉からも垣間見ることができます。

幼児がベンチに座って母親に，「ここに来て」というとき，幼児は自分の隣の場所を，〈そこ〉ではなく〈ここ〉と呼びます。それは〈ここ〉という幼児のゼロ点に立ち入ることを，母親に求めていることになります。隣に座った母親も，隣の幼児が〈ここ〉にいると捉えますから，二人は共有する〈こ

---

*192 木村敏（2004）：河合ブックレット 11 『人と人のあいだの病理』 河合文化教育研究所 24 頁

こ〉に住むことになります。一方，近くに来てほしくないときは「そこに居て」といいます。幼児は〈ここ〉と〈そこ〉をはっきりと区別して使っているのですから，その意味を探ることはきわめて興味深いものです[*193]。

§ 97 運動学は実践可能性を開示する

スポーツの実践では，コツやカンの〈動感意味〉が通じやすいのは，同じレベルの〈動感運動基盤〉を持つ選手同士であることがよく知られています。「上手くできない」仲間を見て，それが自らが苦労してきたこと同じと感じたとき，「自分はこんな練習をしてコツをつかんだよ」と教えることがあります。すでに他人が苦労している経験は，〈人ごと〉ではなく，自分の経験そのものと重なるから，そこに〈動感仲間〉として共有世界が構築されることになります。一方で，学校体育で教師と生徒の〈間（あいだ）〉という〈間主観性〉が発生しにくいのは，教師の動感志向性への無関心と未経験が障碍になっているようです。〈導入・展開・まとめ〉という指導案に沿った授業マネジメントは，教師にとって必要なことです。ところが，運動を教える教師と学ぶ生徒の〈間（あいだ）〉に問題があるから，誰もが同じ授業マネジメントを行っても，同じ成果は出ないのです。そこでは教師の〈間主観身体〉と，生徒の〈間主観身体〉が相互に同時交換できる〈動感連帯感〉の働きが重要となってくるのです[*194]。

ここで注目しなければならないのは，教師の主観身体と生徒の主観身体が同一の〈運動基盤〉に立つのには，その両者に〈間主観身体〉が〈いつでもすでに〉同居しているということです。両者の〈主観身体〉は〈間主観身体〉の〈存在同時性〉によって，教師と生徒との間に同一の〈動感運動基盤〉に立つことができるのです。いわば〈主観身体〉が〈二重化統一態〉として共存しているのです。つまり，覚える生徒の主観身体と間主観身体とは同居しており，同時にその生徒の主観身体の動感発生を観察する教師も，教師自身の主観身体と間主観身体で交信しているのです。

とはいっても，これまでは教師の主観身体の動感質の働きも十分とはいえ

---

*193 金子明友（2015）：『運動感覚の深層』 明和出版 149 頁
*194 金子明友（2015）：同上書 149 頁

ないし，さらに〈間主観身体〉の動感発生に無関心だったことを考え合わせれば，教員養成機関の実技実習の軽視が重大な本質可能性を見逃してきたことになります。こうして，学校体育における教師と生徒の〈間(あいだ)〉には，動感発生の同一の〈運動基盤〉が欠落していることを，私たちは重く受け止めなければなりません。

1960年に旧東ドイツのマイネル教授が『運動学（Bewegungslehre）』を上梓し，すでに半世紀以上が経ちました。日本では1990（平成2）年4月から「教科（保健体育）に関する科目」の中に，「運動学（運動方法学を含む）」が採用されました。そのことを受けて保健体育教員養成課程を持つ大学において，「運動学（運動方法学を含む）」が教職必修科目となりましたが，いまだ「運動学」の内容についての巷間の理解は区々のようです。その後日本では〈運動学〉の研究が盛んに行われ，平成14年にマイネルの真意を継承し，わが国独自に発展を遂げた運動学の集大成として『わざの伝承』（2002）が江湖に送り出されました。それは，意識分析を行う発生現象学を基礎に置き，〈動く感じ〉を分析するスポーツ運動の運動感覚質に関する学問領域に属します。運動技能習得場面で生じている〈生成〉〈消滅〉の現象を純粋に捉え，その本質直観によって解明する実践理論です。しかし，わが国のスポーツ研究は，自然科学的分析が主流で，この発生運動学は異端児的に扱われ，なかなか理解が進みません。たしかに「何ごともすべて自然科学で説明できる」ということが，もはや常識となるほど私たちは〈科学的思考〉に慣らされています。

ところが皮肉にも，ノーベル物理学者のハイゼンベルクや朝永振一郎は，その著書の中で，近代科学のあり方をもう一度考え直す必要を提唱しています。生物学や心理学においても，因果決定論を金科玉条とする近代科学の考え方では，生きものの〈生命ある運動〉や〈現象身体による運動〉を厳密に記述できないという思想が浮かび上がってきています。スポーツ科学の世界で「コツやカン」といえば，「そんな主観的なことは科学的でない」と断じて，認識主観の私たちの内在経験までも，自然科学的に分析できると勘違いします。自然科学で扱える問題と扱えない問題は，はっきり区別されているのです。それにもかかわらず，自然科学的な運動分析が〈生きる身体〉の〈自己運動〉の発生に直接役立っていると勘違いするようです。

人間の歩行形態を重心の位置変化で捉えたとしても，その力学的法則によって私が〈動かされている〉のではないことは自明のことです。歩くかどうかの行為の決断は，私たちの主観身体の営み，つまり〈自己運動〉によって行われるから，それは主観を排除した自然科学の分析対象にはならないのです。科学的思考のブラックボックスという中身のわからない箱の中に，われわれの動感発生が息づいているのです。だから，それをブラックボックスに入れた科学的分析は，生きた人間の運動発生とは無縁の世界になってしまいます。その動感身体の問題を非科学的と排除しようとする，体育・スポーツの世界には，自然科学を知らない自然科学者がいるような錯覚に襲われるほどです。

実践の運動指導場面は，まさに生きた人間の身体が動いているのです。そこでは，科学的説明が理解できない幼児の運動発生に関わる場面もあるし，大人でも「わかっているけどできない」という現実から目を背けるわけにもいきません。現場の指導者が求めていることは，「どうしたら運動が覚えられるのか」であり，未だやったことのない動きかたを「どのように発生させるか」なのです。だから，〈できた〉という「覚えてしまった運動」の結果説明ではなく，〈できる〉という未来の確信への答えを導きだすことに関心が向いているのです。

蛇足ですが，スポーツ運動学は自然的態度をエポケーすることから動感分析論が可能となりますが，それは見慣れている運動の図形変化を捉える常識を否定するものではありません。自然科学的な運動分析は，自然的態度として捉える形の違いを，さらに科学的に精密分析するのであり，それは人間の運動発生とは切り離されて展開されます。運動学は，自然的態度としての形の違いの認識にエポケーをかけ，現象学的に厳密に動感意識分析を行うのです。その動感分析は現場の指導者によって，「よい失敗」「悪い成功」などとして実践されています。動感発生へと導くためには，この〈形〉に表れない〈かたち〉という動感構造分析が前提となっているのです。

現代のスポーツ科学の世界では，発生運動学の研究成果は，自然科学的客観性に欠けると非難されることがあります。もともと自然科学ではない学問領域に,「自然科学的客観性がない」と指摘することは，きわめて奇妙な話です。それではと，さらに運動学的に厳密に研究を仕上げようとすると，現象学的な概念が使われるから〈難解な理論〉という〈ありがたいお墨付き〉までもらうことになります。指導実践に直接照らし合わせてみれば，きわめて容易に理解できる内容ですが，厳密に学問的体裁を整えようとすると，現象学的な概念に依存せざるをえないから読み取ることが難しくなります。過去の優秀な技能を有した選手たちが指導者を目指そうとしたとき，自らの動感経験を振り返り反省分析することもなく，実践経験とかけ離れたスポーツ科学理論に傾斜してしまうのは，残念としかいいようがありません。

本書はこれから指導者を目指す人たちが，江湖に送り出されている「運動学」の専門書を読むための入門書として，日常的な事例とともに「発生運動学」の実践的な考え方をまとめたものです。『スポーツ運動学入門』と題した本書は，スポーツ運動学に関心を持つことをねらいとし，本格的なスポーツ運動学の理論への架橋を試みようとしたものです。それぞれの得意な競技スポーツ分野で，個別な競技運動学がさらに発展充実することを期待します。

さくいん

は行

ま行

や行

ら行

[著　者]

金子一秀（かねこ かずひで）

東京女子体育大学教授

[主な著書]

『運動学講義』（単著分担）大修館書店

『教師のための運動学』（単著分担）大修館書店

『スポーツ運動学入門』（単著）　明和出版

『スポーツ運動学・現象学　講座1　〈わざの狂い〉を超えて』（共編著）明和出版

スポーツ運動学入門

初版発行――――2015 年 7 月 5 日

四版発行――――2021 年 4 月 15 日

著　者――――**金子一秀**

発行者――――**和田義智**

発行所――――**株式会社 明和出版**

〒 174-0064　東京都板橋区中台 3-27-F709

電話　03-5921-0557　E-mail: meiwa@zak.att.ne.jp

振替　00120-3-25221

装　丁――――下田浩一

印刷・製本――――壮光舎印刷株式会社

ISBN978-4-901933-28-5　Printed in Japan